7 ALIMENTOS PODEROSOS

Índice

"Bons alimentos são preciosos para um estilo de vida saudável!"

Editorial

Adotar um estilo de vida saudável significa uma opção pelos bons hábitos, tais como não fumar, beber apenas socialmente, dormir aquele mínimo de horas que recompõe o indivíduo, saber comer com moderação, fazer exercícios físicos regulares e condizentes com a idade, manter boas relações sociais, trabalhar naquilo que gosta, cultivar o lazer etc.

"Boa qualidade de vida resulta numa vida longeva com excelente saúde."

Para preservar a saúde física, o tipo de alimentação é fundamental. A medicina relacionada à nutrição já nos ensinou quais alimentos devemos evitar ou priorizar — tudo o que temos a fazer é integrar os bons hábitos alimentares ao estilo de vida saudável; desse modo nos preservamos, evitando as doenças que nos afligem e garantindo uma vida longeva com muita qualidade.

Também podemos ajudar nosso organismo adotando alimentos que são extraordinários, autênticos campeões da boa alimentação. Esta edição destaca **7 Alimentos Poderosos** — castanhas, soja, alho, aveia, açaí, mel e limão — que, consumidos regularmente, são garantia de bem-estar para toda a vida.

Boa leitura!
Os Editores

1 CAPÍTULO *Alimentos Poderosos*

Castanhas

AS NOTÁVEIS FRUTAS **OLEAGINOSAS**

As frutas oleaginosas são as chamadas 'frutas secas' – são riquíssimas em nutrientes e representadas pelas nozes, amêndoas, castanhas, avelãs. Elas estão sendo cada vez mais valorizadas por sua capacidade de nutrir e prevenir doenças, como as cardiovasculares.

Fontes de fibras, ricas em vitaminas e minerais, como potássio, selênio, magnésio e zinco, as castanhas têm, em sua composição, um tipo de gordura saudável, as do tipo insaturadas, como ácidos graxos, gorduras monoinsaturadas e poli-insaturadas que são responsáveis pelos efeitos benéficos desses alimentos, como a diminuição do colesterol LDL (colesterol ruim) e pelo aumento do colesterol HDL (colesterol bom) e da imunidade, o que previne as doenças cardiovasculares, além de colaborarem nos processos anti-inflamatórios, na cicatrização e, por serem ricas em ômega-6, contribuírem para a beleza da pele e dos cabelos. As gorduras também atuam como antioxidantes, contêm proteínas essenciais para a formação e recuperação muscular, além de vitamina E e selênio, que também apresentam importante ação antioxidante. O alto teor calórico das frutas oleaginosas não contraindica seu consumo, mas este deve ser feito com moderação, para que os nutrientes sejam fornecidos sem caracterizar um *excesso calórico*, especialmente aos que controlam o peso corporal e percentual de gordura. As castanhas repõem a quantidade de nutrientes necessária para combater o envelhecimento celular causado pela formação natural de radicais livres.

> *"Estudos indicam que, quando as castanhas são parte de uma dieta balanceada, elas auxiliam na perda de peso, pois são ricas em gorduras monoinsaturadas, responsáveis por manter o nível de açúcar no sangue estável e por ativar o metabolismo na queima de gorduras."*

As Frutas Oleaginosas

MAIS CONSUMIDAS E SEUS BENEFÍCIOS

✓ Nozes

Por conterem grande quantidade de calorias, as nozes são famosas como uma fonte de energia. Além disso, elas são ricas em vitaminas A, C, E, potássio e proteína vegetal. Também apresentam um grande conjunto de antioxidantes, como ômega-3 e os polifenóis. Os antioxidantes existentes nas nozes possuem papel significativo contra os agressores das macromoléculas como DNA, proteínas, lipídeos e lipoproteínas. Incluir a noz na dieta ajuda na prevenção de doenças crônicas degenerativas e proporciona uma vida longa e com qualidade.

As nozes são o alimento vegetal com maior quantidade de antioxidantes. Segundo estudos, as nozes possuem 20,97 unidades de antioxidantes por cada cem gramas, ou seja, vinte vezes mais do que a quantidade presente nas laranjas (1,14), nos espinafres (0,98), nas cenouras (0,04) ou nos tomates (0,31). Isso significa que as nozes aumentam a proteção do organismo contra uma série de enfermidades, por diminuir o colesterol LDL (ruim) e reduzir o risco de doenças cardiovasculares.

Neste sentido, acrescentar algumas nozes a uma dieta saudável, irá diminuir significativamente o colesterol LDL em quase 15%, devido ao seu conteúdo em ácidos ômega-3 e ômega-6.

COMPOSIÇÃO POR 100 g – 664 Kcal

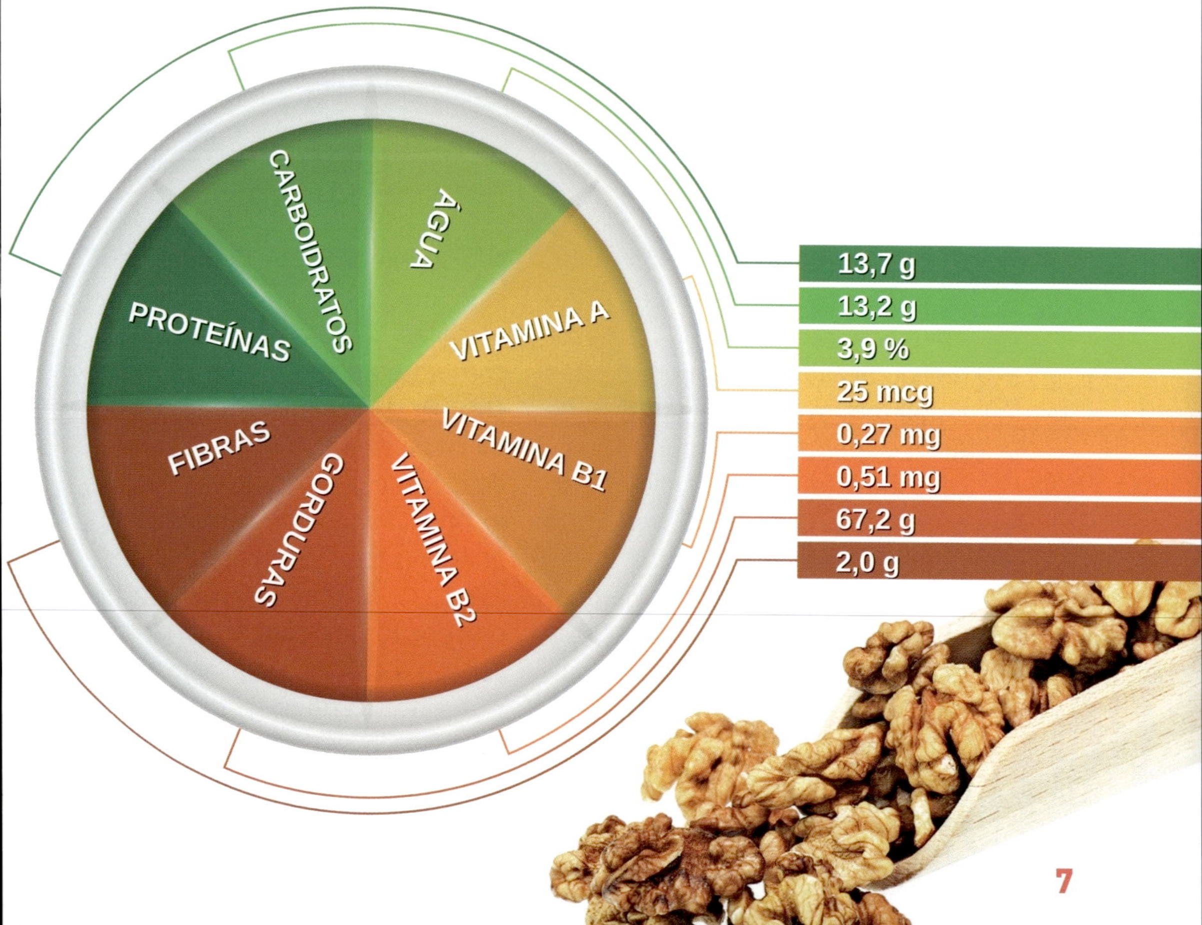

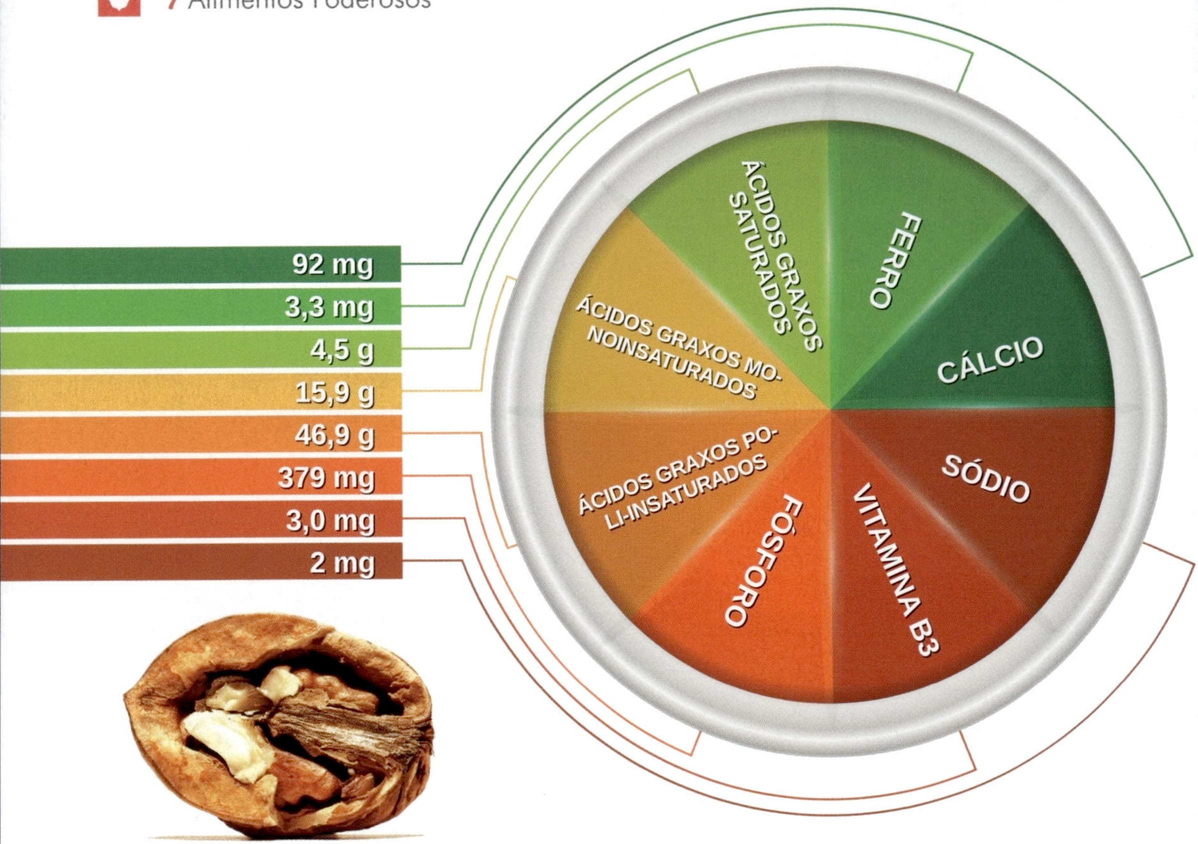

Obviamente, o excesso do consumo de nozes poderá não apenas levar ao ganho de peso, devido ao alto teor calórico, mas também provocar um excesso de ácidos graxos no sangue, acarretando efeitos prejudiciais ao organismo. O fígado é um órgão que utiliza ácidos graxos livres circulantes. Quanto maior a concentração circulante de ácidos graxos, maior a captação hepática. Os ácidos graxos que não são oxidados vão formar as triglicérides. Se a síntese de triglicérides exceder a formação de lipoproteínas, o excesso de triglicerídeos será armazenado em gotículas de gorduras, dando origem ao fígado com esteatose ("fígado gorduroso"). Esses ácidos podem deixar o fígado e entrar em outros tecidos, como o músculo cardíaco e os rins. O consumo de compostos antioxidantes presentes nos alimentos é um fator importante na prevenção de doenças cardiovasculares e crônico-degenerativas.

As nozes devem ser comidas todos os dias, não apenas nas festas de fim de ano e na culinária sofisticada.

✓ Castanha de caju

O fruto verdadeiro do cajueiro é a castanha de caju, que é rica em proteínas, gorduras, carboidratos, fósforo e ferro, e não o fruto amarelo que normalmente considera-se como tal e que é apenas a parte carnosa ou haste que sustenta a castanha. O cajueiro difundiu-se para o mundo a partir da Amazônia, sendo hoje cultivado no Nordeste brasileiro e em várias partes do mundo. A produção nacional, que já foi a maior do mundo, foi superada pelo Vietnam, Nigéria e Índia, atualmente os principais produtores e exportadores da castanha de caju.

Além de utilizada na culinária, como petisco ou incorporada a pratos típicos, da sua amêndoa é extraído um óleo comestível que pode ser utilizado na cozinha como substituto de azeite de oliva. Quando ainda verde, a castanha de caju é chamada *maturi* e pode ser usada nos pratos quentes. A castanha de caju fornece proteínas de boa qualidade – ela contém sete aminoácidos essenciais, que o organismo não consegue produzir mas são indispensáveis.

"O cajueiro difundiu-se a partir da Amazônia, sendo hoje cultivado em várias partes do mundo."

CALORIAS POR CADA 100 g – 574 Kcal

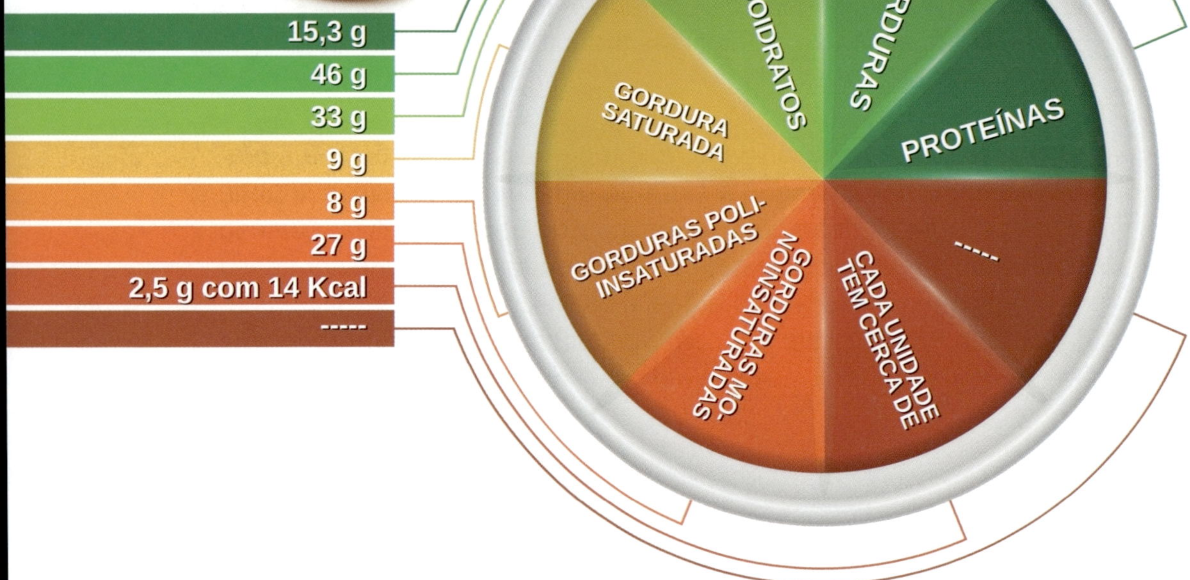

A castanha de caju aumenta os níveis de HDL, o bom colesterol, protegendo o coração e o sistema circulatório. É rica em fibras, proteínas, minerais (magnésio, ferro, potássio, selênio, cobre e zinco), vitaminas A, D, K, PP e, principalmente, a E, carboidratos, cálcio, fósforo, sódio e vários tipos de aminoácidos. Dentre estes últimos, destaca-se o *argimino*, que, no metabolismo, se converte em óxido nítrico, alargando as artérias e diminuindo a pressão sanguínea, evitando ataques cardíacos. É anticancerígena, pois é rica em fitoquímicos e fitoesteróis. Ajuda, ainda, a perder e a manter o peso em dietas alimentares.

* A PREPARAÇÃO DA CASTANHA DE CAJU

O fruto do cajueiro, a conhecida castanha de caju, é duro e oleaginoso. A castanha só pode ser consumida depois de o fruto ser assado, para remoção da casca.

A casca dupla da castanha de caju contém a toxina *uruxiol* (também encontrada na hera venenosa), um alergênico que irrita a pele. Por isso ela deve ter sua casca removida. Também possui ácido *anacárdico*, potente contra bactérias gram-positivas como *Staphylococcus aureus* e *Streptococcus mutans*, que provocam cáries dentárias.

A extração da amêndoa da castanha de caju depois de seca é um processo que exige tempo, método e mão de obra. O método de extração da amêndoa da castanha de caju utilizado pelos indígenas era a sua torração direta no fogo; depois do esfriamento, a casca era quebrada para a retirada da castanha. No processo industrial, ela passa por lavagem e umidificação, cozimento, esfriamento, ruptura da casca e estufamento.

Curioso

A propagação do caju pelo mundo

Fruto nativo do Brasil, durante a colonização o caju foi levado, pelos portugueses, do Brasil para a África e Ásia. A descrição escrita mais antiga do fruto é a de André Thevet, feita em 1558, comparando o caju a um ovo de pata. Posteriormente, o conde Maurício de Nassau, que governou os domínios conquistados pelos holandeses no Nordeste brasileiro de 1637 a 1644, protegeu os cajueiros por decreto e levou a fruta para as melhores mesas da Europa.

O líquido retirado da castanha de caju, depois de beneficiado, é utilizado em resinas, materiais de fricção, lonas de freio e outros produtos derivados.

Segundo o Núcleo de Tecnologia da Universidade Federal do Ceará (NUTEC), o líquido (chamado LCC) pode ser utilizado em vernizes, detergente industrial, inseticida e fungicida.

Os cinco maiores produtores

Mais de 80% da produção mundial de castanha de caju está dividida por cinco países:

1º Vietnam (cerca de 950 mil toneladas)
2º Nigéria (cerca de 640 mil toneladas)
3º Índia (cerca de 600 mil toneladas)
4º Brasil (250 mil toneladas)
5º Indonésia (130 mil toneladas)

* PLANTIO E PRODUÇÃO

Hoje, a castanha de caju é um produto de base comum em todas as regiões com um clima suficientemente quente e úmido, repartindo-se por mais de 31 países, para uma produção anual de mais de três milhões de toneladas, segundo números da FAO (Organização das Nações Unidas para a Agricultura e a Alimentação) com dados baseados em 2006.

O cajueiro é uma planta bastante resistente, adaptando-se bem a solos arenosos e argilosos. É uma planta de sol pleno e regiões quentes. As pragas mais comuns são: broca das pontas (*Anthestarcha binocularis Meyrick*), que fura os ramos e seca as flores; traça da castanha (*Anacanpsisphytomiella*), que destrói a castanha, secando-a; pulgão da inflorescência (*Aphis gossypii Glover*), que suga a planta e libera uma substância açucarada, que propicia o desenvolvimento de fungos, e a tripes (*Selenothips rubrocinctus Giard*), que seca as folhas.

✓ Avelãs e amêndoas

Ricas em potássio e vitamina E, as avelãs contêm boas quantidades de cálcio. Além disso, são ricas em vitaminas B1, cobre, zinco, magnésio, proteínas, fibras e gordura não saturada. Além disso, elas contêm benzaldeído, ingrediente que ajuda a remover os radicais livres das células e diminuem em 50% as chances de doenças do coração, quando consumidas regularmente.

Segundo estudo do *International Journal of Obesity*, a amêndoa está ligada a uma melhora no perfil de eliminação de peso. Conforme revela esse estudo, as pessoas que adotaram uma dieta rica em amêndoas obtiveram uma perda de peso mais efetiva em comparação com outras pessoas sob dietas menos calóricas porém sem o consumo de amêndoas. O estudo concluiu, também, que a amêndoa contribui para uma maior diminuição na circunferência de cintura e na gordura total. Isso significa que sua inclusão na alimentação balanceada resulta na eliminação de peso, desde que a quantidade seja correta, o que equivale a 85 g por dia, já que a amêndoa, como todas as outras frutas oleaginosas, contém muitas calorias. Além de perder peso, ao incluir a amêndoa no plano alimentar, você estará acrescentando à sua alimentação proteínas, fibras, selênio, cálcio, ferro, potássio, zinco, vitamina E, ácido fólico e magnésio, além das gorduras insaturadas. Para quem quer usufruir dos benefícios das oleaginosas e ainda perder peso, a amêndoa é mesmo a melhor opção, porque tonifica o sistema nervoso, diminui o colesterol e melhora as afecções cardíacas.

"Para quem quer usufruir dos benefícios das oleaginosas e ainda perder peso, a amêndoa é a melhor opção."

✓ Castanha-do-pará

A castanha-do-pará é uma semente produzida por uma árvore da família das *lecitidáceas*, chamada castanheira-do-pará, nativa emergente da Floresta Amazônica, uma árvore grande, que atinge de 30 a até 50 metros de altura e até 5 metros de diâmetro e que pode viver mais de 500 anos.

A fruta (chamada castanha, porém considerada semente pelos botânicos) tem ação tonificante, fortalecedora e nutritiva para o corpo. É indicada principalmente contra desnutrição e anemia. Também é muito eficaz para ativar o cérebro e para aliviar constipações intestinais. É rica em selênio, vitamina E, ácido fólico, cálcio, fósforo, magnésio e ácido graxo ômega 3.

O selênio — principal componente da castanha — é um mineral importantíssimo para uma vida longa e saudável. Ele é essencial para acionar enzimas que combatem os radicais livres, daí a fruta ter sido indicada por muitos estudos como útil na prevenção do câncer, pois várias pesquisas indicaram que o consumo de selênio está relacionado com uma redução no risco de câncer de próstata. O selênio ajuda a formar enzimas antioxidantes, além de fortalecer as defesas do organismo. O mineral também está intimamente associado à capacidade de o organismo se livrar de substâncias tóxicas, ajudando-o, inclusive, a expulsar possíveis metais pesados que estejam alojados nas células.

"Em muitos estudos, a castanha-do-pará tem sido indicada como útil na prevenção do câncer."

Você Sabia?

Os nomes da castanha-do-pará

A castanha-do-pará tem vários nomes populares e, sendo originária da Amazônia, alguns deles são ligados à cultura indígena. Assim, a fruta é conhecida também pelos nomes: castanha-do-maranhão, castanha-do-acre, castanha-do-rio negro, castanha-do-brasil, sapucaia, tocari, tururi, cari e juviá.

A árvore é nativa das Guianas, Venezuela, Brasil (Acre, Amapá, Amazonas, Maranhão, Mato Grosso, Pará e Rondônia), leste da Colômbia, leste do Peru e leste da Bolívia. Está espalhada pelas grandes florestas às margens dos rios Amazonas, Negro, Orinoco, Araguaia e Tocantins. O gênero (*Bertholletia excelsa*) foi dado em homenagem ao químico francês Claude Louis Berthollet.

Atualmente, é abundante apenas no norte da Bolívia e no Suriname e está inclusa na Lista Vermelha da IUCN (International Union for Conservation of Nature) como vulnerável por causa do desmatamento que ocorreu nas margens do Tocantins para a construção de estradas e de uma barragem, no sul do Pará para assentamentos de populações sem-terra, no Acre e no Pará para a criação de pastagens. Outro fator de risco para a espécie é a caça indiscriminada das cotias, que são dispersoras de suas sementes. A redução das castanheiras prejudica a população local, que consome as sementes em grandes quantidades, *in natura*, torradas e na culinária.

No exterior, a castanha-do-pará é conhecida pelo nome *brazil nut*, porém o maior exportador atualmente não é o Brasil, e sim a Bolívia, que responde por mais de 50% da produção total anual e é chamada de *almendra*. A produção nacional teve uma queda que a reduziu à metade durante os anos 1970 e 1980, como consequência do desmatamento.

Valor nutricional

Valor Alimentar

As castanhas-do-pará possuem 18% de proteína, 13% de carboidratos e 69% de gordura. A proporção de gorduras é de aproximadamente 25% de gorduras saturadas, 41% de monoinsaturadas e 34% de poli-insaturadas. O conteúdo de gordura saturada das castanhas-do-pará está entre os mais altos de todas as castanhas e nozes, superando até mesmo o da macadâmia. Devido ao gosto forte, na culinária, as castanhas-do-pará podem substituir as macadâmias ou mesmo o coco na culinária.

"Há indícios do uso, como alimento, de uma ancestral da castanha portuguesa ainda na pré-história."

Medicinal

Castanha-do-pará – Uso medicinal

O chá da casca da castanha-do-pará é usado na Amazônia para tratamento do fígado, e a infusão de suas sementes para problemas estomacais. O óleo é usado como umidificador da pele. Contra a anemia é aconselhado o consumo de 3 a 4 unidades por refeição. Para fortalecer o cérebro, de 4 a 5 unidades por refeição.

✓ Castanha portuguesa

A castanha portuguesa tal como é conhecida hoje é oriunda da Ásia Menor, dos Balcãs e do Cáucaso. Foram as castanhas um dos primeiros alimentos a serem consumidos pelo homem, uma vez que há indícios do seu uso já na pré-história. A partir da Grécia espalharam-se por toda a Europa, tornando-se a principal fonte de hidratos de carbono da Idade Média, por conterem o dobro de amido das batatas. Hoje em dia, a castanha continua sendo um alimento importante na China, Japão e Sul da Europa, onde são feitos pães e massas a partir da farinha feita com a fruta.

A castanha que comemos é, de fato, uma semente que surge no interior de um ouriço (o fruto do castanheiro). Embora seja uma semente, como as nozes, tem muito menos gordura e muito mais amido (um hidrato de carbono), o que lhe dá outras possibilidades de uso na alimentação. É rica em vitaminas C e B6 e uma boa fonte de potássio. Atualmente, em muitos países, como no Brasil, a castanha portuguesa é considerada uma fruta própria das festas de final de ano, o que é uma pena porque elas são um excelente complemento alimentar – muito nutritivo –, podendo ser comidas cozidas, assadas, sob forma de purê ou transformadas em farinha para entrar na produção de pães e tortas.

* INFORMAÇÃO NUTRICIONAL

As castanhas portuguesas são deliciosas e muito saudáveis, pois são ricas em nutrientes. Têm bastante água, contêm muito pouco óleo e são livres de gordura. São ricas em hidratos de carbono complexos e contêm proteína de elevada qualidade – comparável com a do ovo –, não têm glúten nem colesterol. Nutricionalmente, são idênticas ao arroz integral. Curiosamente, têm tanta vitamina C quanto os limões.

LISTA COM A CONSTITUIÇÃO DAS CASTANHAS, POR 100 g

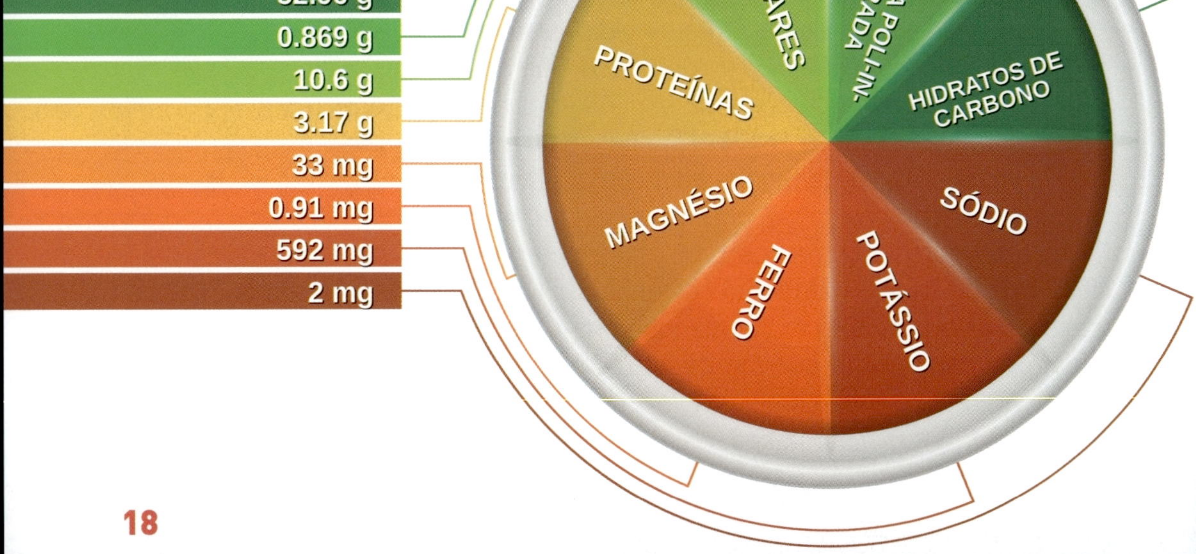

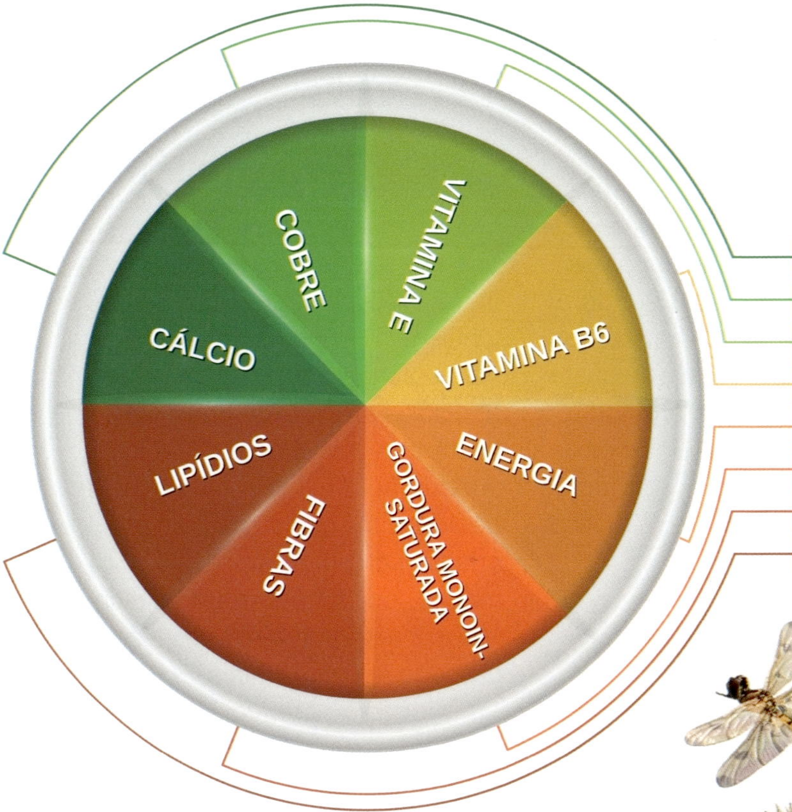

COBRE
VITAMINA E
CÁLCIO
VITAMINA B6
LIPÍDIOS
ENERGIA
FIBRAS
GORDURA MONOIN-SATURADA
29 mg
0.507mg
0.5 mg
0.497 mg
245 Kcal/ 1025 Kj
0.759 g
5.1 g
2.2 g

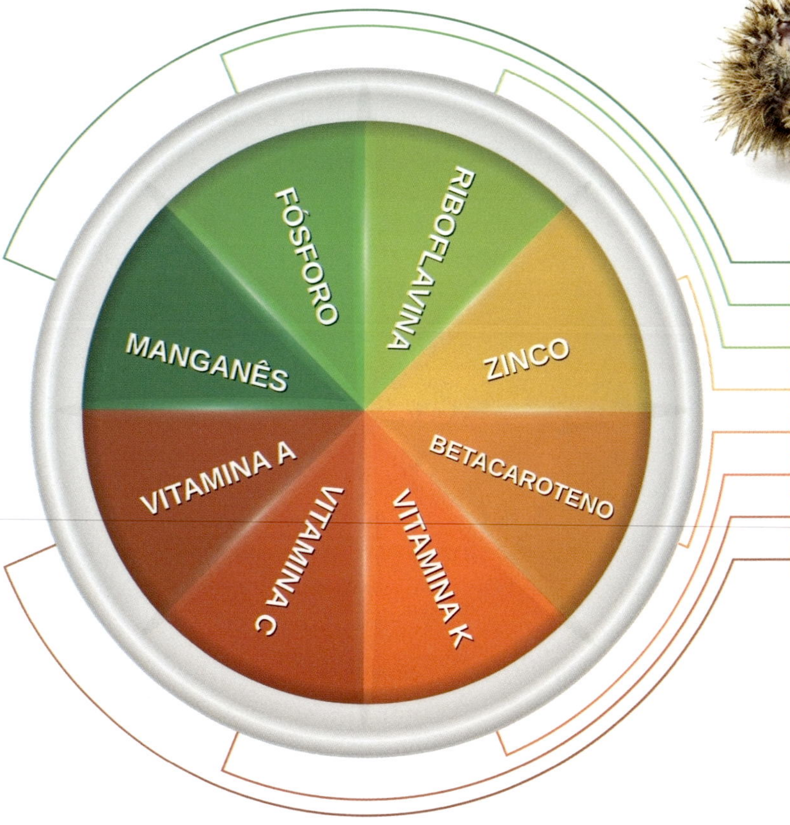

FÓSFORO
RIBOFLAVINA
MANGANÊS
ZINCO
VITAMINA A
BETACAROTENO
VITAMINA C
VITAMINA K
1.18 mg
0.175 mg
2 mg
0.57 mg
14mcg
7.8mcg
26mg
24IU

* A CASTANHEIRA

A castanha portuguesa dá em uma árvore grande, de nome castanheiro europeu (*Castanea vesca Gaertn*), de cerca de 30 m de altura e que vive aproximadamente 150 anos. Os frutos (as castanhas) se apresentam em número de um a três, guardados por um invólucro espinhoso, conhecido por ouriço. A floração e a frutificação ocorrem no outono.

Sua madeira é muito resistente e rica em tanino, sendo utilizada na indústria de móveis, couros, tonéis e na construção civil. Deve ser cultivada sob sol pleno e prefere solos arenosos e profundos. É tolerante a solos ácidos e à seca, quando bem estabelecida. Árvore decídua, de clima mediterrâneo, adapta-se a uma ampla faixa climática, de temperada a tropical. Multiplica-se por sementes plantadas logo após a colheita.

Quanto ao cultivo, adapta-se a regiões de clima temperado, preferindo locais de solo calcário. Espécie de rápido crescimento, no Brasil é cultivada do Estado de São Paulo ao Rio Grande do Sul. Frutifica de janeiro a fevereiro.

Castanha Portuguesa – Uso medicional

Para melhorar a digestão, deve-se incluir na dieta um pouco de purê de castanha portuguesa. A castanha é um alimento adstringente e combate a diarreia e a enterite, casos em que deve ser cozida com erva-doce ou ser usado o chá de suas cascas. O chá das folhas da castanheira, feito por infusão e adoçado com mel, combate doenças das vias respiratórias, como a coqueluche. As castanhas também são indicadas para controlar o colesterol, pois têm ação antioxidante, evitando a formação de placas na corrente sanguínea. Também carregam ômega 3, o ácido graxo que reduz gorduras e produz substâncias vasodilatadoras, que diminuem ainda mais o risco de doenças cardiovasculares.

"As frutas oleaginosas, como as castanhas, diminuem risco do Mal de Alzheimer."

Curioso

A castanha deve seu nome à cidade de Castana, localizada na antiga Tessália, na Grécia, onde, até nossos dias, é cultivada em escala comercial. No Brasil, a planta se adaptou bem nas regiões onde o clima é temperado-quente, com verões suaves, nas altitudes dos planaltos e serras do Sul e do Sudeste do País.

* AS CASTANHAS E O MAL DE ALZHEIMER

Segundo um estudo feito na Columbia University, em Nova York, Estados Unidos, e publicado na revista científica Archives of Neurology, as frutas oleaginosas diminuem o risco do Mal de Alzheimer.

A pesquisa foi feita com 2.148 adultos da terceira idade em Nova York e levou quatro anos para ser concluída. Dos pesquisados, 253 indivíduos desenvolveram o Mal de Alzheimer, os pesquisadores estudaram as dietas de todos os participantes. Quando perceberam um padrão: aqueles cujas dietas incluíam mais **frutos oleaginosos**, peixe, aves, frutas e verduras apresentaram muito menos chances de sofrer da doença.

Segundo os pesquisadores, a razão está relacionada aos diferentes níveis de nutrientes específicos que essa combinação de alimentos oferece. Assim, dietas ricas em ácidos graxos (como ômega 3), vitamina E e folatos (como o ácido fólico) mas pobres em gorduras saturadas parecem ser as melhores. Os folatos reduzem os níveis do aminoácido homocisteína (que foi associado ao Mal de Alzheimer em estudos anteriores) na circulação sanguínea; da mesma maneira, a vitamina E pode oferecer proteção, devido ao seu forte efeito antioxidante. Também se sabe que ácidos graxos saturados e monoinsaturados podem aumentar os riscos de demência ao encorajar a formação de coágulos no sangue.

Hoje, há 35 milhões de pessoas sofrendo de demência no mundo, tornando importante que as pesquisas sejam direcionadas para a criação de novos tratamentos.

Soja

UMA FONTE DE **SAÚDE**

Da família das leguminosas, a soja é um dos mais completos alimentos que temos, possuindo quase tudo o de que precisamos para nossa existência

Por pelo menos 3 mil anos a soja foi a base da alimentação na China secular, porém somente no século passado foi descoberto pelo Ocidente. Supernutritiva, rica em cálcio, ferro e fósforo, a soja contém proteínas, vitaminas, minerais e fibras e pode ser utilizada de inúmeras formas na culinária. Também é riquíssima em lecitina, um aminoácido importantíssimo para o sistema nervoso e cuja base é o fósforo, que faz parte de todas as células vivas do organismo, especialmente o cérebro, nervos e medula espinhal. As fibras de soja são importantes na regulação dos níveis de glicose no sangue, pois, ao retardar a velocidade da absorção da glicose, está auxiliando no controle de diabetes.

"O alto valor proteico faz da soja um dos principais alimentos usados no combate à desnutrição, nas regiões mais carentes do planeta."

Dentre outros benefícios, estudos comprovam que a ingestão de proteínas da soja apresenta uma redução nos níveis de colesterol LDL, o que ajuda na prevenção do câncer e retarda o aparecimento da osteoporose. Quando combinada com algum cereal, como arroz, milho, trigo, centeio, cevada, seu teor proteico equivale ao da carne, fazendo com que tenha o valor da proteína completa. Em relação à carne há as seguintes vantagens:

a) não excita os centros nervosos;
b) não contém colesterol;
c) não promove a formação do ácido úrico;
d) não deixa resíduos tóxicos no organismo.

* O PROCESSO DIGESTIVO

Ao passar pelo processo de digestão, a proteína se quebra em partículas menores, conhecidas como aminoácidos. Depois de absorvidos, os aminoácidos se reagrupam novamente, energizando músculos, pele e sangue. Os minerais da soja, como cálcio e fósforo, são abundantes e fortalecem cérebro e ossos. O alimento também é rico em fibras, que regulam o funcionamento do aparelho digestivo, ajudando no emagrecimento.

"A ingestão de proteínas da soja ajuda na prevenção do câncer e retarda o aparecimento da osteoporose."

* OS BENEFÍCIOS MEDICINAIS

O grão da soja tem poderes medicinais comprovados: ele reduz o nível de colesterol LDL, o mau colesterol, evitando doenças do coração e derrames cerebrais. Outro efeito benéfico de uma dieta à base de soja é a diminuição, ou mesmo o desaparecimento, das “ondas de calor”, comuns em mulheres na menopausa. Isso porque compostos químicos da soja, chamados fitoestrógenos, imitam o estrógeno, hormônio feminino produzido pelos ovários que reduz na menopausa. Dessa forma, a ingestão de soja faz uma compensação natural da perda desse hormônio, garantindo bem-estar à mulher, que também ganha o benefício da soja no combate à osteoporose, que afeta, preferencialmente aquelas que estão na fase pós-menopausa. Neste caso, por ser rica em cálcio, a soja ajuda no fortalecimento da estrutura óssea; para tanto, bastam 40 gramas de soja (ou derivados) incluídos na dieta diária para desacelerar o avanço da osteoporose. O uso contínuo da soja na alimentação produzirá, em poucos meses, um aumento na densidade óssea, conforme comprovam as inúmeras pesquisas realizadas nessa área.

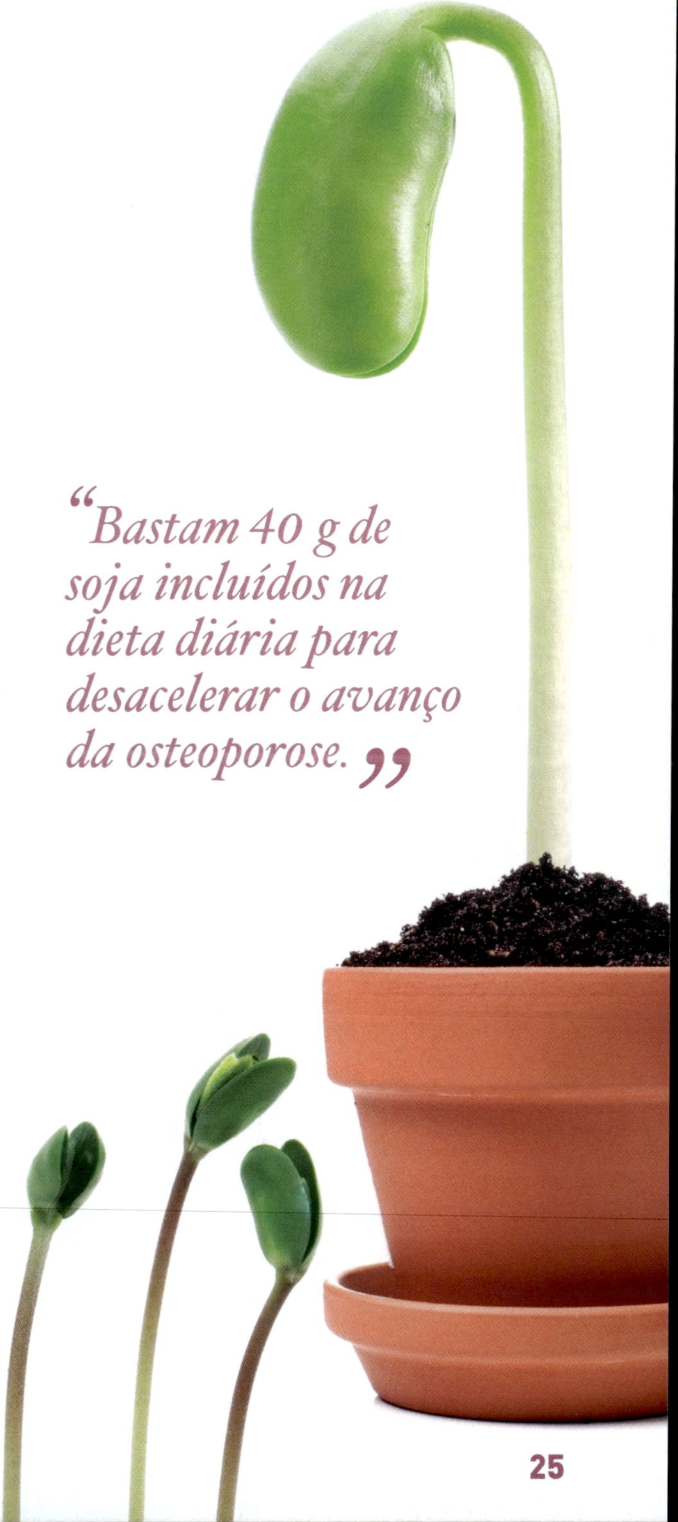

“Bastam 40 g de soja incluídos na dieta diária para desacelerar o avanço da osteoporose.”

* NO COMBATE AO CÂNCER

Poderiam os fitoestrógenos *aumentar* o risco de alguns tipos de câncer de ovários e de mama, como acontece no tratamento da reposição hormonal? Isso não acontece porque apesar de sua semelhança molecular com o estrógeno, os fitoestrógenos são bem menos potentes do que o hormônio feminino fabricado pelo organismo – também menos potentes do que o estrógeno sintético receitado às pacientes para reposição hormonal –, que estimula o crescimento das células tumorais. Ao contrário, os fitoestrógenos se "ligam" aos receptores das células tumorais, interceptando seu crescimento. Ou seja: a dieta rica em soja ajuda a evitar o câncer.

Você Sabia?

Isoflavonas e fitoestrógenos

As substâncias conhecidas como *isoflavonas* estão entre os elementos do grupo dos *fitoestrógenos*, que seriam diretamente responsáveis pelos benefícios ao organismo da mulher. As *isoflavonas* são também encontradas em outros alimentos vegetais, como a cenoura, a batata, o feijão e as sementes de girassol, porém a soja contém um tipo especial de *isoflavona*, denominado "genistein", que, além de ser um agente anticancerígeno, é um poderoso antioxidante, capaz de bombardear os radicais livres, as moléculas "solteiras" de oxigênio que apresentam efeito corrosivo sobre as células, produzindo desde o envelhecimento precoce até o aparecimento de tumores.

* AS ENZIMAS E O SABOR DA SOJA

A soja ainda não caiu completamente no gosto dos brasileiros, como outros grãos e leguminosas, por causa de seu sabor. Apesar de todos os benefícios que a soja proporciona, ela ainda é vista pelo brasileiro com certa reserva. Um dos responsáveis pelo sabor "diferente" da soja é a *lipoxidase*, uma enzima que oxida os ácidos graxos poli-insaturados existentes no grão, em especial o ácido linoléico. No entanto, basta fazer um tratamento térmico colocando os grãos de molho por algumas horas em água quente e depois cozinhando-os em panela de pressão – para que os componentes oxidantes da soja sejam desativados, melhorando o sabor. A cocção da soja acaba com fatores que perturbam a assimilação de determinados nutrientes importantes. Um desses agentes é a *antitripsina*, enzima presente na soja e em outras leguminosas, inclusive no feijão. Quando ingerida, ela inibe a *tripsina*, enzima produzida pelo pâncreas, cuja função é "quebrar" as proteínas para que elas sejam absorvidas pelo organismo. Com o cozimento da soja, a *antitripsina* é neutralizada e cada aminoácido contido em seus grãos é aproveitado.

✻ COMO COMPRAR E PREPARAR A SOJA

As várias espécies de soja que estão à venda são selecionadas, em geral, pela cor dos grãos. Os mais apreciados são os que têm tonalidades que vão do pérola ao amarelo e ao marrom-claro. Quanto mais nova a soja mais rápido é o seu cozimento. Grão que quebra facilmente ao ser mordido é grão novo e é o que deve ser comprado.

Ao comprar a granel, verifique se os grãos estão inteiros, sem mofo, umidade ou caruncho. Se a soja estiver empacotada, prefira as embalagens transparentes, que podem ser inspecionadas visualmente. Guarde a soja em lugar fresco, sem umidade e em recipientes fechados, para que se conserve íntegra.

Ao preparar a soja, deixe-a de molho em água quente (a 80ºC), que deve ser trocada sempre que esfriar. Depois de cerca de seis horas, leve ao fogo uma panela com água, coloque a soja e deixe ferver por 2 minutos. Coe num pano de algodão e esfregue os grãos. As cascas vão se desprender facilmente.

Cozinhe em panela de pressão por 20 a 40 minutos, dependendo da variedade. Esse período é suficiente para anular a *antitripsina*. Para evitar o entupimento da válvula da panela de pressão pelas eventuais casquinhas que se soltam dos grãos coloque na água uma colher de sopa de óleo.

Para temperar, utilize os mesmos produtos usados no feijão: cebola, alho, louro e sal.

* DERIVADOS DA SOJA

Da soja podem ser extraídos vários produtos. Estes são alguns dos mais conhecidos:

✓ *Carne de Soja*

A proteína texturizada de soja (proteína vegetal texturizada – PVT) ou 'carne de soja', como é popularmente conhecida, é constituída, em média, de 53 % de proteína de alto valor biológico. É obtida do grão de soja, após o processo de extração do seu óleo. Ela absorve o sabor dos temperos facilmente e, por ser um produto pré-cozido, necessita somente ser hidratada em água morna por 5 minutos, dispensando cozimento prolongado.

Quanto à sua utilização, pode substituir a carne moída numa variedade de preparações como estrogonofe, feijoada vegetariana, hambúrgueres, croquetes, picadinhos, recheios, sopas e refogados.

TABELA NUTRICIONAL
Proteína texturizada de soja – por 100 g

CALORIAS	280
PROTEÍNAS	53 g
LIPÍDIOS	1,0 g
GLICÍDIOS	31 g
VITAMINA B1	0,6 mg
VITAMINA B2	0,33 mg
VITAMINA B6	0,50 mg
ÁCIDO FÓLICO	0,35 mg
COLESTEROL	0,0 mg
BIOTINA	0,07 mg

NIACINA	3,0 mg
ZINCO	5,5 mg
POTÁSSIO	2.200 mg
CÁLCIO	340 mg
FÓSFORO	700 mg
FERRO	8,0 mg
MANGANÊS	2,6 mg
FIBRAS	3,0 g
ÁCIDO PANTOTÊNICO	0,33 mg

✓Leite de Soja

A pasta de soja, depois de filtrada, é prensada até que seja extraído, por fim, o tal 'leite de soja', que possui quase os mesmos teores proteicos que o leite de vaca.

LEITE	PROTEÍNA	GORDURA	GLICÍDEOS
DE VACA	3,4%	3,7%	4,8%
DE SOJA	3,5%	2,8%	3,1%

Fonte: Kent-Jones-Amos, Modern Cereal Chemistry, 1967.

Você Sabia?

O leite comum, de vaca, costuma causar problemas às pessoas que têm alergia ao leite (mal-estar, produção de gases e diarreia). O de soja, que não contém lactose, é muito apropriado a elas. Além disso, não tem colesterol, possui 1/3 a menos de gordura, e, é rico em lecitina (um aminoácido essencial) e possui ácidos graxos poli-insaturados. Tem baixíssimo teor de açúcar e contém ferro (não presente no leite de vaca). Em virtude dessas características é mais saudável do que o seu similar de origem animal.

O que é lactose

Lactose (Galactose β-1,4 glucose) é um tipo de glicídio que possui ligação glisídica. É o açúcar presente no leite e seus derivados. A lactose é formada por dois carboidratos menores, chamados monossacarídeos, a glicose e a galactose, sendo, portanto, um dissacarídeo. O leite humano contém de 6-8% e, o de vaca, de 4-6%. É hidrolisada pela ação da *lactase*, uma beta-galactosidase, sendo considerada, portanto, um beta-galactosídeo. É fracamente doce e as leveduras não a fermentam, mas podem ser adaptadas para fazê-lo. Lactobacilos a transformam em ácido lático.

"O leite comum causa problemas às pessoas que têm alergia, ao contrário do de soja, que não contém lactose."

"O leite de soja possui 1/3 a menos de gordura do que o leite comum e tem baixíssimo teor de açúcar."

Você Sabia?

Tolerância à lactose

Na maior parte dos mamíferos, a enzima responsável pela sua hidrólise (a lactase) só é sintetizada durante o período de aleitamento. Na ausência de lactase, a lactose não pode ser digerida, tornando-se, por isso, uma fonte de alimento abundante para a flora intestinal (que, então, começa a crescer descontroladamente) causando náuseas e vômitos, assim como diarreia. Os humanos adultos primitivos, acredita-se, não eram capazes de processar a lactose; já os humanos modernos, desde a domesticação do gado, desenvolveram a capacidade (por mutação) de continuarem a sintetizar a lactase durante toda a vida.

✓Óleo de soja

O óleo de soja é, entre todos os óleos vegetais, o mais barato. É rico em gorduras poli-insaturadas e faz parte do contingente de óleos recomendados para proteger o coração. O óleo de soja não contém todos os nutrientes existentes no grão, porque alguns se perdem durante o refino, por causa das altas temperaturas usadas no processo. O óleo de soja é extraído da semente de soja e é utilizado como fonte de alimento e com as novas tecnologias também pode ser usado como biocombustível.

A soja (*Glycine hispida*) pertence à família das leguminosas, plantas cuja semente encontra-se dentro de vagens.

✓Extração

A maneira de extrair o óleo é colocar suas sementes em uma prensa de alta pressão que as espremerá até retirar-se todo o óleo contido nelas. A alta pressão causa variações positivas de temperatura, o que torna o óleo de coloração escura e sabor forte. Após a prensa é feito o processo de clarificação e refinação para eliminar impurezas. O produto final é chamado de "óleo virgem", que deve estar sem a presença de partículas sólidas e corpos estranhos.

Na prensa a frio, ou seja, extração à baixa pressão, não há aquecimento do óleo e o rendimento é bem inferior, em termos quantitativos, ao procedimento

"O óleo de soja faz parte do contingente de óleos recomendados para proteger o coração."

de alta pressão. A prensa a frio, produz um óleo de qualidade superior, mas, por motivos de altos custos, não é acessível à maior parte da população, que tem certos limites financeiros e opta por outros tipos de menor qualidade, contudo de preços mais baixos.

Este processo é utilizado em maior escala em óleos de oliva, pois um bom procedimento para óleo de soja é o de embeber as sementes num líquido, geralmente ácido, capaz de dissolver o óleo. A mistura de óleo e solvente é, posteriormente, submetida a uma série de processos para separá-los.

PRINCIPAIS PRODUTORES MUNDIAIS DE ÓLEO DE SOJA

ESTADOS UNIDOS DA AMÉRICA	35,5%
BRASIL	18,4%
ARGENTINA	8,3%
REPÚBLICA POPULAR DA CHINA	5,3%
PAÍSES BAIXOS	3,7%
JAPÃO	3,6%
ALEMANHA	3,1%
ÍNDIA	3,1%

✓ Tofu e shoyu

O tofu é uma espécie de queijo, obtido a partir do leite de soja, ao qual é acrescido sulfato de ácido ou ácido cítrico em um coagulante (coalho), cuja função é aglutinar as proteínas formando uma massa branca, gelatinosa e bastante frágil. É muito popular no Japão. Altamente nutritivo, rico em proteínas e ácidos graxos poli-insaturados e de fácil digestão, o tofu não tem gosto, podendo, então, ser temperado. Na culinária japonesa, em geral, é temperado com **shoyu**, molho à base de soja e gengibre ralado.

O tradicional molho de soja, o shoyu, tem coloração escura, é salgado e é usado para temperar carnes, legumes e peixes, além de ser consumido tradicionalmente com o tofu. Possui todos os nutrientes dos outros produtos à base de soja.

✓Lecitina de soja

Aminoácido encontrado na soja, a lecitina é rica em fosfatos e vitaminas do complexo B. É excelente coadjuvante para a boa preservação das artérias do coração e ajuda a reduzir os níveis de colesterol e triglicérides do sangue. A lecitina de soja também fornece ácidos graxos poli-insaturados, substâncias que funcionam como matéria-prima para o organismo sintetizar outros nutrientes necessários. Fonte de cálcio, ferro, magnésio e vitamina A, possui ação antioxidante e protege mucosas, pele, cabelos e unhas.

"O shoyu (molho de soja) possui todos os nutrientes dos demais produtos à base de soja."

✻ OUTRAS APLICAÇÕES

A soja, além de oferecer todos esses importantes derivados, é muito versátil e tem sido muito bem empregada pela indústria na produção de salsicha, leite, farinha, hambúrguer e mais uma variedade de alimentos, e também na produção de ração animal, medicamentos, produtos de limpeza e até mesmo em cosméticos.

Alho

UMA DÁDIVA DA **NATUREZA**

A Botânica classifica todos os tipos de alho como derivados da espécie Allium sativum.

Desta espécie originam-se duas subespécies: a *ophioscorodon* e a *sativum*. Uma pesquisa recente mostrou que há oito variedades de alho provindas destas duas subespécies. Seis variedades são do tipo *ophioscorodon* e se chamam: Asiático, Criolo, Listra Roxa, Listra Roxa Marmorizada, Porcelana e Rocambole (Asiatic, Creole, Purple Stripe, Marbled Purple Stripe, Porcelain e Rocambole) e duas são do tipo *Sativum* e se chamam Alcachofra e Prata (Artichoke e Silverskin). Embora algumas vezes malvisto no decorrer dos séculos, o alho tem sido adotado num amplo conjunto de aplicações nutricionais e medicinais ao longo da história da humanidade, e até os dias de hoje continua melhorando nossa saúde.

"O alho tem sido adotado num amplo conjunto de aplicações nutricionais e medicinais ao longo da história da humanidade."

* PROPRIEDADES

O alho é carminativo, expectorante e atua no fortalecimento do sistema imunológico. Suas propriedades antimicrobianas, seus efeitos benéficos para o coração e circulação sanguínea já eram valorizados desde a Idade Média. Tem ótimo valor nutricional, possuindo vitaminas (A, B2, B6, C), aminoácidos, adenosina, sais minerais (ferro, silício, iodo) e enzimas e compostos biologicamente ativos. É indicado no tratamento de diversas moléstias, como gripe, coriza, resfriado, rouquidão, afecções catarrais (agudas ou crônicas) e tosses rebeldes. Atua com eficácia na prisão de ventre e é um ótimo estomáquico – aumentando a secreção dos sucos digestivos, facilitando a digestão. Funciona, ainda, como vermífugo e antitóxico. Também é antisséptico pulmonar, anti-inflamatório, antibacteriano, tônico, hipoglicemiante, antiplaquetártio e antioxidante. Diminui o colesterol e a viscosidade sanguínea. É altamente indicado para diabetes, sinusite, nevralgia, hipertensão, garganta inflamada, bronquites e asma.

Como alimento, o alho tem ação depurativa, diurética e digestiva. É um antibiótico natural. Contém alicina – a substância química que dá o aroma e sabor característicos do vegetal. Previne as tromboses, purifica as mucosas e evita a formação de catarro. Também tem efeito contra o excesso de ácido úrico, o reumatismo, a pressão alta e a arteriosclerose. Esses efeitos são obtidos com o consumo de dois a três dentes de alho diariamente.

O alho desidratado, em pó, é usado largamente na culinária, até pela facilidade no manuseio. É um produto concentrado: cerca de 1/4 de colher de chá desse produto equivale a um dente de alho fresco.

> *"Tudo indica que a Ásia é o continente de origem do alho."*

✻ A ORIGEM DO ALHO

Embora não haja unanimidade, tudo indica que a Ásia é o continente de origem do alho, hoje cultivado e consumido em todo o mundo, tanto na culinária quanto como produto terapêutico. É formado por um bulbo arredondado (conhecido como cabeça), que é composto por 10 a 12 dentes (em média), envoltos por uma casca fina, que pode ser branca, rosada ou roxa. Seu forte aroma deve-se à presença da alicina (um óleo volátil sulfuroso).

Nos últimos 4 mil anos da nossa história, tem sido procurado por seus poderes de cura, assim como tem servido para crenças e superstições – de repelente contra vampiros a oferenda para os deuses – e firmou-se como uma planta de importância incomum, em vários aspectos, chegando, hoje, a merecer uma reputação elevada, graças às muitas descobertas científicas acerca de suas qualidades, pois a ciência moderna continuamente leva ao conhecimento da população novas possibilidades extraordinárias desse superalimento.

* O ALHO NA HISTÓRIA

O alho tem sido empregado por milênios, numa variedade de funções. A Arqueologia tem descoberto esculturas de barro e pinturas, que têm o alho como tema, que datam de 3.200 anos a.C., em tumbas egípcias. Um papiro egípcio de 1.500 a.C. recentemente descoberto recomenda o alho como tratamento para a cura de 22 doenças comuns, incluindo falta de vigor, doenças do coração e tumores. A antiga sociedade egípcia tinha o alho na mais alta estima, pois mesmo Tutankhamun, o mais jovem dos faraós, foi sepultado com réstias de alho – o que, pela crença dos antigos egípcios, significa que a planta ajudaria o faraó na passagem para a outra vida após a morte.

Nas antigas Grécia e Roma, o uso do alho era bastante variado: de repelente contra escorpiões e mosquitos a tratamento para mordidas de cães até inflamações da bexiga, chegando a ser indicado para curar lepra e asma. Era usado também como oferenda para a deusa grega Hectate. O alho era, ainda, alimento para militares e atletas olímpicos gregos.

Curioso

Na Idade Média, as réstias de alho eram penduradas nas portas das casas, pois os lares ficariam imunes aos maus espíritos. Essa crença, de certa forma, sobreviveu até os dias de hoje — não são poucos os supersticiosos que usam o alho contra o "mau-olhado".

"No Antigo Egito o alho era recomendado para tratar 22 doenças comuns."

* O USO MEDICINAL DO ALHO

As pesquisas modernas confirmam que, além da superstição, nossos ancestrais acreditavam nos benefícios saudáveis do alho. Em 1858, Louis Pasteur (cientista francês, nascido em 1822 e morto em 1895, ao qual se atribui a invenção da técnica de pasteurização) documentou que o alho elimina bactérias e que o suco do alho cru pode ser tão efetivo quanto a penicilina, descoberta 70 anos depois. Durante a II Grande Guerra (1939-1945), quando a penicilina e a sulfa eram drogas escassas, os exércitos da Rússia e da Grã-Bretanha usavam soluções à base de alho, diluídas, como antisséptico ou para tratar ferimentos abertos e prevenir a gangrena. Embora não fosse sabido naqueles tempos, a ciência de hoje confirma que os poderes curativos do alho vêm dos compostos voláteis de sulfa encontrados no vegetal, incluindo *Allicin*, *Alliin, Cycroalliin* e *Diallyldisulphide*.

> *"Louis Pasteur documentou que o alho pode ser tão efetivo quanto a penicilina."*

O *Allicin* do alho cru é capaz de eliminar 23 tipos de bactérias, incluindo a *Salmonella* e a *Staphylococcus*. Outro composto do alimento, *Diallyldisulphide-oxide*, foi provado ser eficaz contra o mau colesterol, prevenindo que as artérias venham a entupir.

As vitaminas encontradas no alho, tais como A, B, e C, estimulam o corpo a limpar as toxinas e ajudam a prevenir certos tipos de câncer, como do estômago. Também, os compostos de sulfa do alho podem regular o metabolismo, estimular as funções do fígado e desintoxicá-lo. Além disso, estimulam a circulação do sangue e o sistema nervoso.

O alho é indicado contra o câncer gástrico, úlceras gástricas e duodenais — a enzima hepática *S-transferase* é a responsável pelo efeito anticancerígeno, pois elimina substâncias que provocam formações cancerosas. Também, combate os radicais livres, que provocam o envelhecimento precoce dos tecidos. Para diabéticos, estimula a secreção de insulina pelo pâncreas. Ainda ajuda na redução do nível de colesterol sérico total, prevenindo a aterosclerose e doenças cardiovasculares.

Os especialistas variam de opinião quanto à quantidade de alho que seria recomendada para uma boa dieta, porém quase todos concordam que o alho fresco é melhor do que os suplementos.

* ALHO – CULTIVO, COLHEITA E CUIDADOS

O alho é uma planta perene, que alcança até 60 cm de altura, tem um bulbo composto de pequenos dentes (os bulbilhos), envolto em túnicas esbranquiçadas; as folhas são pontudas, longas, achatadas, amareladas (quando maduras); as flores são pequenas, em cachos, de cor rosada ou branca. São designadas como 'alho' algumas plantas do gênero *Allium* (embora não só), e o termo se aplica especificamente ao *Allium sativum*, cujo bulbo (a 'cabeça de alho') é composto por folhas escamiformes (os 'dentes de alho'). É usado tanto como alimento como para fins medicinais.

Trata-se de uma hortaliça de bulbo muito protegido contra a água, formado por bulbilhos, que são os 'dentes de alho', cujo número é variável; esses bulbilhos são cobertos individualmente por uma túnica e protegidos coletivamente no bulbo por outra túnica de folhas secas. A principal substância responsável pelo sabor característico do alho é o *dialil dissusfeto*, que forma aproximadamente 70% dos compostos voláteis desse produto. O alho deve ser colhido quando cerca de 2/3 de suas folhas já começam a amarelecer e ou secar. Pode ou não ocorrer tombamento, dependendo do tipo de cultivo. Bulbos colhidos ainda imaturos deterioram rapidamente e a colheita muito tardia também causa aumento de perdas. A irrigação deve ser suspensa de 2 a 3 semanas antes da colheita.

Após a colheita, as ramas só devem ser cortadas após estarem amareladas e secas, o que ocorre quando passam pelo processo de cura. O corte das ramas ainda verdes expõe tecidos vivos e feridos à ação de patógenos — agentes causadores de doenças —, que provocam apodrecimento. O corte das ramas deve ser feito deixando-se uma sobra de pelo menos 2 cm; o corte muito rente da rama causa aumento de deterioração no armazenamento.

Atualmente, há vários tipos de alhos nobres cultivados no Brasil. Os chamados alhos nobres possuem sempre menos de 20 dentes ou bulbilhos por cabeça e formam um bulbo com diâmetro por volta de 6 cm. Já os alhos comuns podem apresentar mais de 20 dentes por bulbo. Tipicamente, os alhos possuem cor branca ou roxa.

* AS VARIEDADES DE ALHO

São designadas como alho as seguintes plantas:

- ✓**Alho-das-vinhas** (*Allium vineale*)
- ✓**Alho-de-espanha ou alho-mourisco** (*Allium scorodoprasum*)
- ✓**Alho-do-campo ou alho-do-mato ou alho-da-campina** (*Cipura paludosa*)
- ✓**Alho-francês ou alho-porro ou alho-poró** (*Allium porrum*)
- ✓**Alho-mágico** (*Allium nigrum*)
- ✓**Alho-ordinário - ou alho comum** (*Allium sativum)*
- ✓**Alho-poró-bravo** *(Allium ampeloprasum*)
- ✓**Alho-rosado** (*Allium roseum*)
- ✓**Alho-sem-cheiro** (*Nothoscordum gracile* e *Nothoscordum striatum*)
- ✓**Alho-silvestre** *(Nothoscordum striatum*)

TABELA NUTRICIONAL
100 g de alho contêm, aproximadamente:

ÁGUA	59 g	VITAMINA B1 (THIAMIN)	0,2 mg
CALORIAS	149 Kcal	VITAMINA B-6	1,235 mg
LIPÍDEOS	0,5 g	VITAMINA C	31 mg
CARBOIDRATOS	33.07 g	VITAMINA B3 (NIACIN)	0,7 mg
AÇÚCARES	1,00 g	VITAMINA B9 (FOLATE)	3 mg
FIBRAS DIETÉTICAS	2,1 mg	VITAMINA B2 (RIBOFLAVIN)	0,11 mg
GORDURA	0,5 g	VITAMINA B5 (ÁC. PANTOGÊNICO)	0,596 mg
FERRO	1,7 MG 14%	ÁCIDO GLUTAMÍNICO	0,805 g
ZINCO	1,16 MG 12%	ARGININA	0,634 g
MANGANÊS	1672 mg	ÁCIDO ASPÁRTICO	0,489 g
POTÁSSIO	401 mg	LEUCINA	0,308 g
ENXOFRE	70 mg	LISINA	0,273 g
CÁLCIO	181 mg	PROTEÍNAS	6,05 g
FÓSFORO	153 mg	ALFA-TOCOFEROL	10 mg
MAGNÉSIO	25 mg	SÓDIO	17 mg

4 CAPÍTULO **Alimentos Poderosos**

Aveia

O MELHOR **CEREAL**

Cereal remineralizante e reconstituinte, a aveia destaca-se como um dos alimentos mais ricos em proteínas e por ter gorduras predominantemente insaturadas, especialmente o ácido linoleico.

A aveia sacia, energiza e é muito rica em vitaminas B1, B2, B3 e E, e ainda em minerais tão importantes como cálcio, magnésio, fósforo, ferro, zinco e enxofre. Os hidratos de carbono da aveia são complexos e absorvem-se lentamente, proporcionando energia e sensação de saciedade. Assim, a aveia torna-se muito adequada quando usada nas dietas emagrecedoras.

* VANTAGENS DA AVEIA

Este cereal é o melhor aliado numa dieta já que é rico em fibras que atuam na limpeza intestinal, libertando o organismo das toxinas; vale lembrar que a substância avenina que existe em sua composição tem ação relaxante. O betaglucano da aveia, um tipo de fibra solúvel, impede a subida da glicose, melhora a circulação sanguínea e atua nos intestinos, inibindo a absorção da gordura. Uma dieta que contém aveia revela-se diurética, saciante, antiestresse e revitalizante mental.

É estimulante mental e seu conteúdo em amido converte a aveia numa fonte de glucose essencial para alimentar os neurônios. Como é rica em ácido linoleico (ácido gordo essencial) e em lecitina, ajuda a manter as membranas neuronais sãs e ativas. Além disso, o fósforo e a vitamina B que contém ativam as funções cerebrais.

Graças à sua riqueza em ácidos gordos insaturados, fibra, lecitina e avenasterol, a aveia ajuda a reduzir os níveis de colesterol LDL no sangue.

Você Sabia?

"As fibras da aveia agem no controle da glicemia (quantidade de açúcar no sangue) em indivíduos diabéticos com resistência à insulina. As fibras tornam a absorção do açúcar mais lenta, evitando grandes elevações da glicemia."

Aveia

A veia contém uma espécie de goma, que envolve as moléculas gordurosas, dificultando sua absorção pelo organismo. Rica em vitamina B, proteínas, ferro, cálcio e carboidratos, atua na formação dos ossos e do sangue. Consumida em flocos, a aveia auxilia no combate ao colesterol e estimula o apetite. Também é essencial ao crescimento, fortifica o coração e regula o sistema nervoso. A aveia dificulta a absorção das moléculas gordurosas pelo organismo, daí ser uma aliada importante nas dietas indicadas para perder peso. Suas proteínas, fibras e vitaminas melhoram o trânsito intestinal e previnem doenças como diverticulite e prisão de ventre. O farelo de aveia, por ser rico em fibras, aumenta a saciedade, auxilia no funcionamento intestinal e ainda ajuda no combate ao mau colesterol.

O consumo de aveia favorece o trânsito intestinal sem provocar irritação, já que o tipo de fibras que contém suaviza as mucosas intestinais.

No intestino, as beta-glucanas (um tipo de fibra contida na aveia), em contato com a água, formam uma espécie de gel, que serve de alimento para as bactérias intestinais — os probióticos — e tem efeito protetor sobre o cólon intestinal, além de estimular os movimentos intestinais e diminuir a absorção e produção de colesterol.

No emagrecimento, a aveia pode ser utilizada como coadjuvante da dieta, não só pelas propriedades de regulação intestinal e controle da glicemia, mas também pela sua capacidade de proporcionar a sensação de saciedade. Tais benefícios se devem ao seu teor de fibras, em torno de 10%. Por exemplo: 40 gramas de farelo de aveia (aproximadamente três colheres de sopa) contêm cerca de 4 gramas de fibras.

* CONSUMO RECOMENDÁVEL

Ao contrário de outros cereais de sua família, como o trigo, a aveia não perde suas propriedades durante o beneficiamento. Para obter seus benefícios, o ideal é consumi-la regularmente, todos os dias, três colheres de sopa de farelo de aveia ou quatro de farinha de aveia, sem deixar de beber água regularmente, para potencializar seus benefícios.

Por ser uma importante fonte de glúten, ela é um alimento proibido para celíacos — indivíduos que sofrem de intolerância ao glúten.

100 g de aveia (5 colheres de sopa) contêm, aproximadamente:

CALORIAS	394 Kcal
CARBOIDRATO	66,41 g
PROTEÍNAS	13,9 g
GORDURAS	8, 5 g
FIBRAS	9,1 g
CÁLCIO	48 mg

FERRO	4, 4 mg
MAGNÉSIO	119 mg
FÓSFORO	153 mg
SÓDIO	5 mg
POTÁSSIO	336 mg
NIACINA	4,47

5 CAPÍTULO **Alimentos Poderosos**

Açaí

A FRUTINHA **ENERGÉTICA**

A história do fruto de açaí é envolta por lendas e contos. Sua origem data de muitos séculos, quando a região do Pará ainda era habitada somente por indígenas.

Desde então este alimento calórico e energético tornou-se um símbolo não apenas de indígenas ou de uma "tribo social", hoje formada por fisiculturistas e pessoas que buscam a boa forma física, mas, sim, por fazer parte da história de toda uma região de nosso país. O orgulho paraense é conhecido como "ouro negro do Pará" e tem lugar garantido na culinária de toda a população, que faz uso deste alimento desde o palmito extraído de sua palmeira até o pequeno fruto com formato redondo, semelhante a uma jabuticaba. Na maioria das vezes, é consumido com uma espécie de farinha de tapioca ou formando pratos exóticos, combinado a peixes e camarões. Os habitantes da capital paraense também usam a polpa em refrescos, sorvetes, geleias, mingaus e até refrigerante.

Consumido em todas as refeições e de valor econômico importante, o açaí gera lucros para todo o Estado, não apenas como alimento, mas sendo aproveitado também em outras áreas industriais. Além disso, seu valor nutricional faz com que tenha grande uso na medicina alternativa por ser rico em vitaminas e combater os radicais livres, tendo, dentre outros componentes, ferro, cálcio, fósforo e fibras que atuam como antioxidantes, melhorando a saúde e fornecendo energia às pessoas que o consomem.

Alimento básico das populações ribeirinhas da Amazônia, o açaí é um fruto roxo, quase preto, que dá em cacho na palmeira conhecida como açaizeiro, cujo nome científico é *Euterpe oleracea*. A frutinha tornou-se muito popular em todo o país a partir dos anos 1990, depois de ser adotada pela "geração saúde", adepta das atividades físicas.

O açaizeiro é uma espécie nativa das várzeas da região amazônica, nos Estados do Amazonas, Amapá, Pará, Maranhão, Rondônia, Acre e Tocantins e existe igualmente em outros países da região: Venezuela, Colômbia, Equador e Guianas. A palmeira está presente também em Trinidad e Tobago e nas bacias do Pacífico, na Colômbia e no Equador. O açaí é um alimento muito importante na dieta dos habitantes do Pará, onde seu consumo remonta aos tempos pré-colombianos e cuja produção, hoje, em litros, chega a ser o dobro da do leite. Devido à grande demanda do produto, a partir da década de 1990, o açaí passou a ser cultivado em outros estados brasileiros, não apenas na Região Amazônica.

* VINHO DO AÇAÍ

Tudo se aproveita do açaizeiro, desde os frutos (para alimento e artesanato) até as folhas (para coberturas de casas, trançados), a estipe (para a feitura de ripas de telhado), raízes (como vermífugo), o palmito (como alimento e remédio anti-hemorrágico). Para ser consumido, o açaí deve ser primeiramente despolpado em máquina própria ou amassado manualmente (depois de ficar de molho na água), para que a polpa se solte, e, misturada à água, se transforme em um suco grosso, também conhecido como "vinho do açaí". A forma tradicional de tomar açaí na Amazônia é como bebida gelada, como suco ou misturada com farinha de mandioca, como pirão, para acompanhar peixe assado ou camarão. As sementes limpas são utilizadas para o artesanato. Nas demais regiões do Brasil, o açaí é preparado da polpa congelada batida, gerando uma pasta parecida com um sorvete, ocasionalmente adicionando frutas e cereais — conhecido como açaí na tigela.

100 g da polpa de açaí contêm, aproximadamente:

LIPÍDIOS	12,7 g
CARBOIDRATOS	2,28 g
PROTEÍNAS	3,8 g
FIBRAS	16,90 g
VITAMINA B1	0,25 mg
ANTOCIANINA	196 mg
CÁLCIO	118 mg

CALORIAS	69 Kcal
FERRO	11 mg
FÓSFORO	0,5 mg
VITAMINA B1	11,80
VITAMINA B2	0,36
VITAMINA C	0,01

Apesar do alto teor de gordura trata-se, em grande parte, de gorduras monoinsaturadas (60%) e poli-insaturadas (13%). São gorduras benéficas que auxiliam na redução do colesterol ruim (LDL) e melhoram o colesterol bom (HDL), contribuindo na prevenção de doenças cardiovasculares.

* PROPRIEDADES DO AÇAÍ

O açaí é considerado um dos frutos mais nutritivos. Também contêm, em sua composição, grandes quantidades de ferro e fibras, o que o torna indicado para pessoas com mau funcionamento do aparelho digestivo. A grande quantidade de fibras que apresenta auxilia no melhor funcionamento do intestino, além de favorecer a circulação sanguínea.

Os antioxidantes presentes no açaí ajudam a regular os níveis de colesterol, dentre outros problemas médicos, além de manter o sistema cardiovascular em bom estado, o que é importante para a circulação sanguínea. Contém dois ácidos graxos essenciais, o ômega 6 (ácido linoleico) e ômega 9 (ácido oleico), sendo que o primeiro auxilia no combate ao colesterol maligno, com compostos vitamínicos.

O fruto do açaí tem dez vezes mais antioxidantes que as uvas vermelhas, por exemplo. Estudos mostram que por pertencer à classe dos alimentos ricos em flavonoides, com potencial ação contra os radicais livres, é dos mais eficazes no combate ao processo de envelhecimento.

Mel

O ALIMENTO DOS **DEUSES**

O mel é reconhecido, desde a Antiguidade, pelas propriedades terapêuticas e preventivas muito interessantes, como antimicrobiana, pela eficácia no combate a enfermidades do aparelho respiratório e as infecções e pela ação descongestionante das mucosas da garganta.

Na mitologia greco-romana, o mel é considerado o alimento principal dos deuses. É produzido pelas abelhas melíferas, a partir do néctar das flores e de outras matérias açucaradas que recolhem das plantas. As abelhas os transformam, enriquecem e depositam nas células dos favos de cera. É energético por seu conteúdo em açúcares simples, que são assimilados rapidamente pelo organismo humano, contribuindo para o mantimento do esqueleto (cálcio) e para a regeneração do sangue (ferro). Os efeitos medicinais do mel são inquestionáveis. Contém propriedades antibióticas e cicatrizantes, sendo muito útil em casos de queimaduras, chagas e feridas. Sua atividade antianêmica é muito notável pelo aumento da hemoglobina no sangue. Facilita as funções digestivas e respiratórias. Tem efeitos diuréticos e sedativos. Popularmente se conhecem seus efeitos curativos da tosse, bronquite, catarros etc., assim como contra o reumatismo e obstipação.

Cada variedade de mel (silvestre, laranjeira, eucalipto etc.) tem suas propriedades específicas, destacadas segundo sua origem botânica.

É fonte de vida — em seu processo de produção intervém toda a riqueza da terra, que, através do néctar reflexa as radiações do Sol, os efeitos do ar e a chuva que estão em contato com a flor.

No mel há mais de 150 substâncias diferentes. Seu principal componente são os hidratos de carbono, embora também contenha protídeos, lipídios, sais, fósforo, ferro, potássio, cálcio e vitaminas diversas. É um produto complexo, rico em açúcares, vitaminas minerais e enzimas (substâncias de natureza proteica que atuam em processos vitais). A composição, o aspecto, o sabor, a coloração etc. variam muito, dependendo das flores de onde o mel procede, de sua origem e região. Seu valor energético e sua fácil digestão são vitais para a atividade física ou mental, por sua fácil assimilação.

* DE ONDE PROVÉM O MEL

As abelhas utilizam duas substâncias distintas para fazer o mel, ambas de origem vegetal:

✓ *O néctar*

Muito rico em açúcar, é elaborado nos nectários (as bolsinhas situadas na base das pétalas das flores).

✓ *O melado*

Elaborado por alguns insetos a partir das secreções das plantas e árvores.

As abelhas, uma vez localizadas as fontes de néctar e melado, sorvem os dois produtos e os armazenam em seus aparelhos digestivos, em bolsas chamadas "bucho melário", até regressar à colmeia. Ao chegar na colmeia, transferem a "colheita" a outras abelhas que cumprem sua função no interior da colmeia, enriquecendo-a com outras substâncias, enzimas principalmente, ao tempo que perde um pouco de sua umidade.

Este processo pode acontecer várias vezes até que seja depositada na célula da colmeia. Logo é submetida a uma corrente de ar forçado que a abelha produz com suas asas, para evaporar a água. Imediatamente depois, esta célula é rapidamente fechada com um tampão de cera, ficando, assim, o mel armazenado como reserva. Neste momento, o mel está pronto para sua utilização por parte das próprias abelhas ou do homem.

* COMO SE OBTÉM O MEL

O mel armazenado no interior da colmeia se dispõe nos favos ou conjunto de células de cera.

Na atualidade, a obtenção do mel segue um processo estabelecido que começa na colheita do mel das colmeias, previamente divididas em quadros em cujo interior as abelhas fabricam o favo: uma vez abertas as células, com a ajuda de uma faca muito afiada, os quadros são introduzidos em um extrator. O mel é projetado para as paredes do extrator e escorre para o fundo.

O primeiro mel pode conter grande quantidade de impurezas: pedaços de cera, restos de abelha etc. Daí, ele passa por uma filtragem antes de seu armazenamento e posterior envazamento.

Às vezes, o mel é submetido, pela indústria, a um processo de pasteurização de consequência bastante negativa para sua qualidade; portanto, é recomendado comprar o mel diretamente das cooperativas produtoras ou dos apicultores que engarrafam o produto, já que assim se garantirá que provém diretamente da colmeia à mesa.

> *"A pasteurização do mel pode prejudicar bastante a sua qualidade."*

> *“Naturalmente, o mel tende a cristalizar, tomando consistência mais ou menos dura.”*

* O MEL SEMPRE LÍQUIDO

Por sua própria natureza, o mel tende a cristalizar, tomando consistência mais ou menos dura. Esta cristalização depende, sobretudo, de três fatores:

- ✓ 1º – O conteúdo de glicose: quanto mais glicose tem mais cristaliza;
- ✓ 2º – A temperatura: havendo temperatura mais baixa, o mel cristaliza com maior rapidez;
- ✓ 3º – As partículas em suspensão ao redor das quais se produz a cristalização (grãos de pólen, cera etc.).

Uma das consequências da pasteurização é que o mel sempre se mantém líquido, respondendo a um falso estereótipo, segundo o qual o mel deve apresentar-se nesse estado. A pasteurização faz com que o mel perca quase todas as suas propriedades e se converta em um produto que serve praticamente apenas para adoçar.

* A COMPOSIÇÃO DO MEL

Os principais componentes do mel são **água**, cuja quantidade depende do tipo de flores utilizadas pelas abelhas, sua obtenção, oscilando entre 13 a 20%; **açúcares naturais**, que são entre 75 a 85%, sobretudo glicose e frutose; **proteínas**, em quantidades muito pequenas, mas em forma de enzimas, substâncias que desempenham um papel importante em quase todas as atividades vitais; **sais minerais**, que embora não existam em quantidades importantes, estão presentes, de forma que o ser humano possa assimilá-los com muita facilidade; **vitaminas**, dos grupos B e C; **HMF** ou hidroximetilfurfural, uma substância inócua que se vai formando no mel por decomposição de alguns açúcares e que é fundamental para determinar seu frescor (à maior quantidade de HMF menor frescor); **compostos voláteis**, que são os responsáveis pelo aroma e por algumas das propriedades do mel.

* AS ALTERAÇÕES QUE O MEL PODE SOFRER

✓ *Envelhecimento*

Desde o primeiro momento em que se obtém começa a produzir-se a decomposição dos açúcares ou envelhecimento do mel, este processo pode ser detectado com a maior ou menor presença de HMF, é aconselhável não consumir méis de mais de dois anos, porque perderam já muitas propriedades.

✓ *Sobreaquecimento*

Sobretudo quando não há controle e o calor se faz mais intenso, o mel perde aroma, sabor e fica mais ácido.

✓ *Cristalização incompleta*

Acontece como consequência de uma má manipulação (ao aplicar-lhe calor se rompem os cristais de açúcar e o mel se liquefaz). Logo se cristaliza, tomando formas grosseiras e ficando grumos indesejáveis.

✓ *Separação de duas fases*

Acontece como resultado de um mal armazenamento ou do excesso de umidade: parte do mel cristaliza, vai para o fundo e fica sobrenadando.

✓ *Fermentação*

É a pior de todas as alterações, devido à presença de micro-organismos indesejáveis que fermentam o mel. Caracteriza-se pelo sabor ácido e pela presença de espuma na superfície.

O mel recém-envazado pode ter algo de espuma, produto das borbulhas de ar que se formam ao centrifugá-lo. Esta quantidade é mínima ou nula.

* O MEL ENGORDA?

O mel mesmo não engorda mais do que outro alimento energético. Sem dúvida, de sua composição se deduz que o mel é um alimento deste tipo, embora existam outros alimentos doces energéticos, com conteúdo calórico superior.

O mel é um alimento que tem algumas propriedades nutritivas muito importantes, aconselhadas nas dietas equilibradas. É fonte de açúcares, sais minerais e vitaminas que são aproveitadas diretamente pelo organismo.

"O mel é fonte de açúcares, sais minerais e vitaminas que são aproveitadas diretamente pelo organismo."

Curioso

A mais conhecida das abelhas é a espécie *Apis mellifera*, que tem ferrão e é originária da Europa e Ásia. É criada em larga escala para produção de mel. As espécies de abelhas nativas do Brasil e de demais países das Américas não possuem ferrão.

"O mel tem sido valioso também por seus benefícios para a saúde."

Saiba Mais

O padre Anchieta foi o primeiro a falar da abundância do mel e das espécies de abelhas existentes no Brasil. Está nos escritos do jesuíta: 'Encontram-se quase vinte espécies diversas de abelhas, das quais umas fabricam o mel nos troncos das árvores, outras em cortiços construídos entre os ramos, outras debaixo da terra, donde sucede que haja grande abundância de cera. Usamos do mel para curar feridas, que saram facilmente pela proteção divina. A cera é usada unicamente na fabricação de velas.'

✓ Benefícios do mel

Desde a Antiguidade o mel tem sido valioso, não apenas por ser um alimento doce e delicioso, mas também por seus benefícios para a saúde.

* NUTRIÇÃO VALIOSA

O mel contém pequenas quantidades de uma vasta gama de vitaminas e minerais, incluindo niacina, riboflavina, ácido pantotênico, cálcio, ferro, magnésio, manganês, fósforo, potássio, cloro de sódio, enxofre, cobre, iodo e zinco. Também contém as vitaminas B1, B2, C, B6, B5 e B3 e vários tipos de hormônio, em quantidades que variam segundo as qualidades do néctar e do pólen.

* ANTIOXIDANTE

As pesquisas indicam que o mel possui numerosos antioxidantes, dependendo, principalmente, da origem floral do produto. Os tipos de mel mais escuros são geralmente os que possuem mais dessas substâncias do que os mais claros, e a capacidade antioxidante do mel tem se mostrado similar à das frutas e vegetais. Os antioxidantes são compostos encontrados nas células que freiam os radicais livres, os subprodutos nocivos do metabolismo normal.

"Os tipos de mel mais escuros são geralmente aqueles que possuem mais substâncias antioxidantes, similares às das frutas e vegetais."

* PELE E BELEZA

O mel é pleno de umectantes que contêm vitaminas, minerais, antioxidantes e aminoácidos, que, por sua vez, são embelezadores maravilhosos por nutrirem os cabelos, a pele e todo o corpo. O mel pode ser usado em cada parte do corpo e, muitas vezes, ao ser esfregado sobre uma cicatriz leve, estimula o crescimento de uma pele nova. É rico e espesso, o que o torna um hidratante eficaz.

* PERDA DE PESO

Para o indivíduo que está tentando perder peso, o mel pode ser de grande ajuda. Os açúcares integrais de nossa dieta alimentar não têm minerais e vitaminas, razão pela qual são chamados de 'calorias pobres'. Eles precisam tirar os nutrientes de nossos corpos para metabolizar o colesterol e as gorduras. Quando faltam esses nutrientes, o metabolismo fica comprometido. O mel, ao contrário, contém 22 aminoácidos e uma variedade de minerais essenciais para seu metabolismo, portanto, ele ajuda na redução do peso.

* INSÔNIA

O mel pode ajudar a dormir. O consumo de mel aumenta levemente o nível de açúcar no sangue. Isso resulta no aumento controlado de insulina, o que faz, então, o aminoácido *trytophan* penetrar no cérebro; o *trytophan* é convertido em serotonina, que produz o relaxamento. Finalmente, na glândula pineal, a serotonina é convertida em melatonina, uma droga conhecida por curar os distúrbios do sono. O mel também contém a proporção ideal de 1:1 de frutose e glicose, o que faz do produto um superalimento para armazenar glicogênio. Para se ter um sono tranquilo é necessário um estoque suficiente de glicogênio. Quando o fígado fica sem glicogênio por uma noite, nosso cérebro começa a disparar hormônios do estresse, como cortisol e adrenalina, para converter proteínas musculares em glicose.

* TOSSES

Vários estudos têm mostrado que o mel de trigo é eficaz contra tosse persistente. Os pais frequentemente relatam que esse tipo de mel ajuda as crianças a dormir a noite inteira, sem tossir. Além de combater as tosses persistentes, o mel é um excelente reparador das dores de garganta — as fortes propriedades antibióticas que contém protegem a garganta e reduzem a irritação. Importante: a pediatria não aconselha que se dê mel às crianças menores de 1 ano, em virtude do risco de haver esporos de botulismo.

* CICATRIZAÇÃO

O mel tem sido usado para tratamento de ferimentos desde os tempos mais antigos. É esterilizante e com ele pode-se tratar um ferimento de modo eficaz e sem nenhuma dor. Basta aplicá-lo nos cortes abertos, escoriações e queimaduras e cobrir o local com um pedaço de gaze. Os resultados vão ocorrer mais rápido do que se forem usadas as alternativas convencionais, tais como pomadas e cremes. O interesse atual no uso medicinal do mel se concentra principalmente nos efeitos antibacterianos. Outras áreas de estudo estão preocupadas em como o mel pode ajudar o corpo a remover tecidos mortos e proporcionar um ambiente favorável para o crescimento de tecidos novos e saudáveis.

* CONDICIONADOR

O mel é um umectante natural, o que significa que ele atrai e conserva as moléculas de água, tornando-se um excelente tratamento para cabelos secos e danificados. Para nutrir seu cabelo e o couro cabeludo, misture mel com óleo de oliva em porções iguais passe a mistura nos cabelos, cobrindo-a, em seguida, com uma toalha, por meia hora; depois, lave a cabeça com xampu. Ou acrescente uma colher de sopa de mel e óleo ao seu condicionador, deixe penetrar por 20 a 30 minutos e depois enxágue naturalmente. Apesar de sua textura pegajosa, a aplicação sairá facilmente dos cabelos com o enxágue, desde que você esteja usando partes iguais de mel e óleo.

* PARA O ESTÔMAGO E A DIGESTÃO

As enzimas presentes no mel ajudam na digestão dos alimentos, especialmente açúcares integrais e amido. A diferença entre o açúcar comum e o mel é que os açúcares contidos no mel são pré-digeridos pelas abelhas e podem ser rápida e facilmente absorvidos pelo trato digestivo humano.

Assim, é bastante útil para combater os distúrbios digestivos, podendo ajudar a curar úlceras e estômagos lesionados. Comprovadamente, também tem regularizado as funções intestinais, aliviando tanto a constipação quanto a diarreia.

* MELHORIA DO DESEMPENHO ATLÉTICO

Os atletas da Grécia Antiga tomavam mel para se fortalecerem antes de competirem e para se recobrarem após os torneios. O mel é conhecido por melhorar o desempenho físico de imediato, aumentar a resistência e reduzir a fadiga muscular. A glicose no mel é absorvida rapidamente e produz um aumento de energia imediato, enquanto a frutose é absorvida mais lentamente, fornecendo a necessária energia sustentável, útil especialmente para a aptidão física (*fitness*), para dar energia e resistência.

COMPOSIÇÃO BÁSICA DO MEL

COMPONENTES	MÉDIA	DESVIO PADRÃO	VARIAÇÃO
ÁGUA (%)	17,2	1,46	13,4 - 22,9
FRUTOSE (%)	38,19	2,07	27,25 - 44,26
GLICOSE (%)	31,28	3,03	22,03 - 40,75
SACAROSE (%)	1,31	0,95	0,25 - 7,57
MALTOSE (%)	7,31	2,09	2,74 - 15,98
AÇÚCARES TOTAIS (%)	1,50	1,03	0,13 - 8,49
OUTROS	3,1	1,97	0,0 - 13,2
PH	3,91	-	3,42 - 6,10
ACIDEZ LIVRE (MEQ/Kg)	22,03	8,22	6,75 - 47,19
LACTOSE (MEQ/Kg)	7,11	3,52	0,00 - 18,76
ACIDEZ TOTAL (MEQ/Kg)	29,12	10,33	8,68 - 59,49
LACTOSE/ACIDEZ LIVRE	0,335	0,135	0,00 - 0,950
CINZAS (%)	0,169	0,15	0,020 - 1,028
NITROGÊNIO (%)	0,041	0,026	0,00 - 0,133
DIASTASE	20,8	9,76	2,1 - 61,2

7 CAPÍTULO **Alimentos Poderosos**

Limão

UM FRUTO **MILAGROSO**

O limoeiro não é uma planta que exige muito — por ser fácil de cuidar, por ser bastante resistente, é muito requisitada para ser plantada em jardins.

Há séculos, o limoeiro é cultivado e utilizado, principalmente, para aproveitamento dos seus frutos, que, como se sabe, é um dos que possuem maior quantidade de vitamina C (ácido ascórbico), além de ser rico em ferro, magnésio, fósforo e potássio e vitaminas A, B1, B2 e B3. As utilizações do limão são inúmeras, desde receitas de culinária a medicamentos, produtos de limpeza, perfumaria e cosmética.

Os limoeiros são árvores relativamente pequenas, o que os torna particularmente apropriados para crescer em jardins de pequena dimensão. Nos jardins das casas no Brasil é comum encontrar uma pitangueira, uma figueira, às vezes um pé de romã ou de amora, mas, principalmente, um limoeiro.

Em relação aos cuidados, o limoeiro não é muito exigente. Deve deixá-lo crescer livremente, sem grandes podas, eventualmente fazendo algumas correções em ramos que estejam cruzados ou debilitados; de resto é deixar que ele cresça e se desenvolva.

* OS CUIDADOS

Pode ser cultivado a partir de sementes ou de enxertos, mas essas formas de cultivo demandam cuidados, dedicação e muito tempo, sem contar o tempo extra necessário para a árvore se desenvolver.

Para plantar um pé ou dois, em um jardim, o melhor é começar com mudas prontas que podem ser adquiridas em viveiristas, até porque o custo por unidade é baixo. Uma boa opção é comprar mudas nos CEASA, existentes em todas as grandes cidades brasileiras.

A melhor época para plantar as mudas de limoeiro é durante a estação das chuvas. É preciso regar o solo e as mudas todos os dias, com bastante água, para evitar que elas morram. Em épocas de sol intenso e nenhuma chuva, regue as mudas pelo menos duas vezes por dia.

Não se faz poda em árvores cítricas. Mesmo assim, limpe as árvores durante o inverno, retirando delas os galhos secos e doentes evitando pragas e doenças. Os ramos mais finos devem ser cortados com uma tesoura; os mais grossos, serrados. Para cauterizar os cortes, passe uma mistura de cobre em pó com água, em pinceladas.

* A PRODUÇÃO DE FRUTOS

O limoeiro de qualquer espécie começa a produzir frutos depois de cerca de três anos do início do cultivo, com floração regular nos meses de setembro e outubro. Os frutos devem ser colhidos manualmente, com auxílio de tesoura para cortar as hastes. Às vezes o limoeiro leva mais tempo um ano ou mais para frutificar, o que pode ter como causa simples período de adaptação ao novo solo.

O limoeiro produz frutos duas vezes ao ano. A segunda produção, no segundo semestre, é sempre a melhor. Por isso, entre junho e setembro, época da florada e do começo da frutificação, é preciso ter cuidados com a planta, aplicando calcário e adubo fosfatado no solo, preparando-a para a florada e ficar alerta quanto às pragas, como a cochonilha, que ataca principalmente ramos e folhas e deve ser controlada com inseticida, pois ela suga a seiva da planta e atrapalha a florada.

Os frutos recém-nascidos podem ser contaminados pelo ácaro branco, que deixa as cascas com aspecto feio, um mal que pode ser controlado com um acaricida. Produtos contra a cochonilha e o ácaro branco podem ser adquiridos nas boas casas de jardinagem.

* COMO CULTIVAR LIMOEIROS EM VASOS

Manter plantas frutíferas em domicílio não é tão difícil como pode parecer – você não vai precisar sequer morar em local de clima quente ou possuir uma estufa para ter pés de limão e de outras frutas cítricas em casa.

As árvores anãs frutíferas podem ser plantadas em vasos grandes e ser mantidas em varandas e quintais ensolarados ou mesmo em salas bem arejadas e que possam receber sol. Além de serem visualmente atraentes com suas folhagens e flores, desprendem um agradável aroma e mantêm o ambiente sempre fresco e agradável.

"O limoeiro é a árvore frutífera mais fácil de se cultivar em vaso."

Aqui estão algumas dicas para manter sua árvore frutífera em casa sempre saudável e produtiva:

- ✓ Nunca use a terra comum, de seu jardim ou de qualquer lugar. Use, no vaso, três partes de terra compacta, uma parte de folhas decompostas, uma parte de musgo, ½ parte de adubo e 50 cm de areia grossa própria para plantio. Em qualquer casa comercial de jardinagem você poderá achar os produtos de que precisa para o plantio.

- ✓ Lembre-se de deixar um bom espaço na parte superior do vaso para a água que vai usar para irrigar a planta.

- ✓ O vaso (usualmente feito de terracota, mas encontrado também, em outras opções nas lojas especializadas) deve ser adequado ao tamanho da árvore e deve ter uma boa drenagem; caso contrário, as raízes apodrecem. Em geral, uma camada de cascalho de uns 4 a 5 cm no fundo do vaso garante uma drenagem de qualidade.

"O pé de limão deve ser aguado regularmente; deve ser mantido úmido, porém não encharcado."

- O pé de limão deve ser aguado regularmente, a cada sete a dez dias. Assim que notar que o solo não está mais úmido, trate de molhá-lo mais – isto é, ele deve permanecer com umidade, porém não encharcado, o que poderá fazer a planta morrer. A luz natural é fundamental para o desenvolvimento da planta – não hesite em mudar o vaso de lugar tantas vezes quanto for necessário para que a planta receba a maior quantidade de sol possível.

- Além de receber água, a terra deve ser nutrida uma vez por mês com um bom fertilizante líquido próprio para árvores de frutos cítricos, que seja rico em zinco, ferro e manganês – os bons fertilizantes contêm sempre esses três elementos.

- Se o ambiente da casa estiver seco demais, especialmente nos meses frios, procure manter o ambiente mais úmido, usando constantemente um borrifador.

- A cada quatro ou cinco anos a árvore deve ser replantada. Troque o vaso se ele estiver pequeno para a planta.

- Evite podar: corte alguns ramos apenas ao final do verão, para manter o formato uniforme da árvore no vaso. Os frutos desenvolvidos e maduros devem ser removidos para ajudar na produção de novos.

- Nem todos os bichos são maus! Fique atento às possíveis pragas que podem atingir sua planta, porém não se desespere se vir alguma aranha, louva-a-deus ou joaninhas – estes são insetos que defendem as plantas, eliminando moscas, formigas e outros insetos.

* AS FLORAÇÕES E O PROCESSO DE POLINIZAÇÃO

Depois que sua árvore estiver desenvolvida, você vai notar que a árvore vai começar a dar flores. Nem todas as floradas produzirão frutos, mas você pode ajudar no processo de produção desses frutos da seguinte forma: pegue um pincel de pintura pequeno, sem uso, e pincele gentilmente as flores, uma a uma, quando elas abrirem. Basicamente, agindo assim você estará ajudando no processo de polinização. Quanto às pestes, evite-as vaporizando a planta diariamente com sabão orgânico e água, o que também irá livrar a planta de acumular poeira nos seus galhos e folhas.

* AS PRINCIPAIS VARIEDADES DE LIMÃO

Hoje, no Brasil, o limão está presente nas feiras-livres, nos supermercados e mercearias e até nos quintais das casas, porém ele somente começou a se tornar comum a partir dos anos 1930.

As primeiras mudas de pés de limão foram trazidas da África e da Europa pelos portugueses por volta do começo do final do século XVIII. Mas, o limão teve de esperar um longo tempo até começar a ser cultivado em grande escala no Brasil. O interesse comercial no limão entre os produtores só ocorreu depois de ele alcançar um alto valor no mercado, em virtude da descoberta de suas propriedades medicinais.

Atualmente, o Brasil é o segundo maior produtor mundial desta fruta, especialmente a variedade limão-taiti (ou *tahiti*), que é um fruto híbrido, resultante de uma en-

"Por ser um híbrido, o limão-taiti é considerado uma 'lima ácida'."

Você Sabia?

Até o começo do século XX o limão era um fruto meio raro de se encontrar para a venda no Brasil. Diz-se que durante a 'gripe espanhola', pandemia que assolou o mundo entre 1918 e 1919, o limão atingiu valores elevadíssimos, pois era um dos poucos produtos disponíveis para combater a doença.

xertia da lima-da-pérsia sobre o limão-cravo, motivo pelo qual não apresenta sementes. Por ser um híbrido, o taiti é considerado uma "lima ácida", tanto que em inglês esta variedade chama-se "lime", enquanto que o limão tipo siciliano é chamado "lemon" e é considerado o "limão verdadeiro". No entanto, em relação às propriedades terapêuticas e medicinais, o taiti é tanto ou mais terapêutico do que qualquer outra variedade de limão.

Em todo o Brasil, o limão é um fruto fácil de ser encontrado. É produzido durante todo o ano, devido às boas condições climáticas, nas suas diversas variedades, embora seja mais produtivo de dezembro a maio.

Em geral, as variedades do limão apresentam aspectos básicos semelhantes, ficando a diferenciação nos aspectos exteriores: cor, tamanho, forma e textura da casca, que pode ser desde lisa e fina, como no limão-galego, ou até muito enrugada e grossa, como no limão-cravo.

* VARIEDADES MAIS POPULARES

Em todo o mundo existem cerca de 70 variedades de limão catalogadas. No Brasil, várias delas são cultivadas e as mais populares por aqui, são:

✓ Limão-taiti

(*Citrus aurantifolia swing*)

É um fruto robusto, de formato arredondado, casca lisa ou ligeiramente rugosa, coloração verde, polpa esbranquiçada, muito suculenta e qualidade menos ácida. Esta variedade não tem sementes porque se propaga por enxertia, tendo como base (o 'cavalo') o limão-cravo. As flores são pequenas e alvo-amareladas, produzidas nas extremidades dos ramos, em grupos de dois a vinte.

O pé de limão-taiti é uma árvore robusta e rústica, que atinge em média 3 metros de altura, mas pode chegar a 4 metros. É uma árvore cheia de espinhos, da família das rutáceas (*Rutaceae*), mais adaptada ao clima tropical; necessita de sol e umidade para gerar frutos suculentos e graúdos. Devido à sua robustez, é uma variedade que praticamente não necessita do uso de agrotóxicos. Forte e saudável, mesmo cercado pela cultura da laranja, o limoeiro (tipo taiti) não se contamina, nem distribui ou dissemina pragas. Tal característica, juntamente com a ausência de sementes, o torna mais adequado ao consumo '*in natura*'. É o limão de maior valor comercial no Brasil, tendo excelente potencial de exportação. Seu valor de mercado está relacionado à ausência de sementes, ao exotismo da cor e do aroma e à sua capacidade de produzir o ano inteiro (embora, como dissemos, produza mais de dezembro a maio, como as outras variedades).

✓ *Limão-siciliano*

(*Citrus limonum*)

Muito difundido e consumido nos EUA e Europa, por ser uma variedade que prefere climas mais frios e subtropicais, é considerado o limão verdadeiro, o "limão original" que imigrou da Índia ou Malásia para a Assíria e de lá passou para Grécia e Roma, há mais de 2 mil anos. Antes do descobrimento da América, espalhou-se pelo norte da África e Europa. Finalmente, foi trazido ao Brasil no século XIX.

A árvore atinge 4 metros de altura, tem ramos curtos e com bastante espinhos. As flores são brancas, reunidas em inflorescências com duas a vinte unidades. Hoje é amplamente cultivado no norte da África, Itália e Espanha. Embora cultivado comercialmente no Brasil, onde também é conhecido pelos nomes limão-gênova, limão-eureca e limão-lisboa, não é facilmente encontrado, pois há preferência por variedades mais rentáveis – tanto que boa parte existente no mercado nacional é importada.

O limão-siciliano é um belo fruto, maior e mais alongado do que o taiti, terminando com duas extremidades proeminentes; é de cor amarela bem viva, a casca é grossa, abundante e levemente rugosa; é menos suculento do que o taiti e também menos ácido. É uma variedade bem apropriada – pelo seu elevado percentual de casca – para a fabricação do óleo essencial de limão, de pectina e de farinha. O aroma suave é ideal para a extração de essências que servem de base para perfumes e cosméticos.

✓ Limão-galego
(*Citrus aurantifolia*)

Trata-se de um fruto redondo, pequeno e muito suculento. Apresenta casca bem fina e lisa, de cor verde ou amarelada. A polpa tem de cinco a seis sementes, é rica em suco de sabor ácido, porém agradável.

É bastante comum nos quintais do Nordeste e Centro-oeste brasileiro, onde a produtividade de frutos por pé é exuberante. A planta é de porte médio e produz muito o ano inteiro. Até recentemente, era um limão muito popular, fácil de se encontrar nas feiras, mas seu consumo foi substituído pelo taiti. O galego também é uma lima ácida; ele está sumindo das prateleiras dos supermercados e das feiras-livres não apenas por causa do tipo taiti, que cresceu no mercado, mas também devido a uma virose que infesta as plantações desde a década de 1970. Por ser considerado pelos *experts* o melhor fruto para fazer a famosa 'caipirinha', a variedade ainda frequenta a mesa dos brasileiros.

✓ Limão-cravo
(*Citrus limonia Osbeck*)

Trata-se de uma variedade bem rústica, capaz de se desenvolver mesmo em solos e temperaturas adversas, motivo pelo qual pode ser encontrado em todas as regiões do país e ser conhecido por vários nomes regionais, tais como limão-rosa, limão-capeta, limão-vinagre, entre outros. Disseminado pelos passarinhos, é comum de ser encontrado no campo e nos quintais do interior brasileiro, porém, atualmente, é difícil de ser visto nas grandes cidades. O fruto é muito parecido com uma tangerina, por ter a casca levemente solta da polpa. A casca e a polpa são da cor laranja-avermelhado e o fruto é fácil de ser descascado com

> *"O limão-cravo é uma variedade rústica, capaz de se desenvolver e frutificar em solos e temperaturas adversas."*

as mãos. O limão-cravo tem sabor e aroma bem característicos, é abundante em sementes e seu suco é ácido, por ser a variedade com menor teor de frutose.

A maioria das plantações dessa variedade é infestada por uma doença chamada *verrugose,* que, apesar de ser inofensiva para os humanos, deixa as cascas dos frutos com aparência desagradável. Esse limão é considerado o melhor para temperos, substituindo muito bem o vinagre nas saladas, principalmente.

Cientistas começam a estudar o óleo essencial extraído da casca deste limão, que até o momento apresenta propriedades terapêuticas acima da média, quando comparado às outras variedades.

Você Sabia?

Por que substituir o vinagre por limão

O vinagre é um produto que se obtém através da fermentação de frutas. O sabor ácido do vinagre se deve à presença de alta percentagem de ácido acético. Ao contrário do que se acredita, o vinagre não é um produto 100% natural porque no seu processo de industrialização passa por várias etapas onde recebe aditivos químicos, com grande risco de sofrer contaminações. O ácido acético não tem utilidade metabólica para o organismo humano, devendo, necessariamente, ser excretado, mas sua passagem pelo corpo aumenta desnecessariamente a acidez.

8 CAPÍTULO *Alimentos Poderosos*

Receitas *Culinárias* COM ALIMENTOS **PODEROSOS**

Maionese
DE SOJA

Ingredientes

- ✓ 2 colheres (sopa) de farinha de soja
- ✓ 1 xícara (chá) de água fria
- ✓ 250 ml de óleo de girassol
- ✓ 1 colher (café) de sal marinho
- ✓ Suco de limão

Modo de preparar

Coloque farinha na água, adicione o sal e ferva por uns três minutos ou até virar um creme. Retire do fogo, deixe esfriar, pingue algumas gotas de limão. Depois, bata com uma batedeira de bolo ou um mix na máxima velocidade enquanto derrama o óleo bem devagar, até ficar consistente. A maionese estará pronta para servir com pão, salada etc.

Sopa de couve-flor
COM NOZES

Ingredientes

- ✓ 1 couve-flor média
- ✓ 2 xícaras (chá) de caldo de galinha ou legumes
- ✓ 1 cebola média picada
- ✓ 2 xícaras (chá) de leite desnatado
- ✓ 3 colheres (sopa) de nozes picadas
- ✓ Sal e pimenta-do-reino a gosto

Modo de preparar

Apare as folhas de couve-flor e divida-a em pequenos buquês. Coloque-os numa panela grande junto com o caldo e a cebola. Leve ao fogo até levantar fervura, tampe a panela e cozinhe em fogo baixo por 15 minutos ou até que os buquês estejam tenros. Adicione o leite e as nozes. Passe a mistura no multiprocessador até obter uma pasta lisa. Tempere com sal e pimenta-do-reino e leve ao fogo até levantar fervura. Sirva salpicada com páprica e as nozes picadas.

Biscoito
DE AVEIA

Ingredientes

- ✓ ½ xícara (chá) de margarina sem sal
- ✓ 1 xícara (chá) de açúcar
- ✓ 1 ovo
- ✓ 400 g de aveia em flocos
- ✓ Raspas de casca de 1 laranja
- ✓ 1 colher de chá de fermento em pó

Modo de preparar

Misture a margarina com o açúcar e o ovo. Acrescente a aveia e as raspas de laranja. Por último, misture o fermento. Faça bolinhas de massa com as mãos, com o auxílio de uma colher. Unte e polvilhe uma assadeira onde serão colocadas as bolinhas, deixando espaço de uns 5 centímetros entre elas. Leve ao forno preaquecido a 180 graus por 15 minutos ou até que a base do biscoito esteja levemente dourada. Espere esfriar para retirar os biscoitos.

Arroz com CASTANHA DE CAJU

Ingredientes

- ✓ ¼ xícara (chá) de óleo
- ✓ 1 cebola picada
- ✓ 4 tomates picados sem pele e sem semente
- ✓ 2 colheres (sopa) de cebolinha picada
- ✓ 2 xícaras (chá) de arroz
- ✓ 3/4 xícara (chá) de castanhas de caju picadas
- ✓ 1/2 xícara (chá) passas
- ✓ 5 xícaras (chá) caldo de galinha
- ✓ 2 colheres (sopa) de salsinha picada
- ✓ 1/3 xícara (chá) de azeitonas pretas descaroçadas
- ✓ 1/4 xícara (chá) de queijo ralado
- ✓ Sal a gosto

Modo de preparar

Coloque numa panela o óleo, a cebola, o tomate e a cebolinha. Frite por 10 minutos, mexendo de vez em quando até o tomate começar a desmanchar. Junte o arroz, a castanha e as passas. Refogue por 5 minutos. Acrescente o caldo de galinha e tempere com sal. Misture bem. Quando começar a ferver, abaixe o fogo e cozinhe com a panela tampada, até o arroz ficar macio. Adicione a salsinha e misture delicadamente. Com as azeitonas, enfeite o fundo de uma forma untada, com 22 cm de diâmetro. Coloque o arroz ainda quente e pressione ligeiramente. Desenforme e polvilhe com queijo ralado.

Frango
COM MEL

Ingredientes

- 1 frango limpo, cortado em pedaços
- 4 colheres (sopa) de mel
- Suco de 1 laranja
- Suco de 1 limão
- Sal e pimenta

Modo de preparar

Tempere o frango com sal e pimenta. Misture o mel com o suco da laranja e do limão e regue os pedaços de frango com essa mistura. Coloque o frango na assadeira e leve-o ao forno por aproximadamente 40 minutos, regando-o diversas vezes com a mistura de mel e sucos. Sirva quente com rodelas de laranja, arroz e salada de vegetais.

"De acordo com a OMS, o mel é o alimento mais completo da natureza, com mais de 70 substâncias essenciais ao nosso organismo."

Bolo de mel
E CHOCOLATE

Ingredientes

- 3 colheres (sopa) de chocolate em pó
- 1 xícara (chá) de açúcar
- 1 xícara (chá) de mel
- 4 xícaras (chá) de farinha de trigo
- 1 xícara (chá) de chá de erva-doce forte e frio
- 1 colher (sopa) de bicarbonato de sódio
- 1 xícara (chá) de leite

GLACÊ

Ingredientes

- 3 colheres (sopa) de chocolate em pó
- 3 colheres (chá) de manteiga
- 3 colheres (chá) de mel

Modo de preparar

Para a massa, misture bem o chocolate em pó, o açúcar e o mel. Acrescente a farinha alternada com o chá de erva-doce, misturando bem. Adicione, por último, o bicarbonato dissolvido no leite e misture novamente. Despeje em assadeira retangular média, untada e polvilhada com farinha de rosca, e asse em forno médio (180ºC), preaquecido, durante 30 minutos.

PREPARE O GLACÊ

Leve ao fogo uma panela com o chocolate em pó, a manteiga e o mel e deixe derreter, misturando bem. Reserve. Retire o bolo do forno, desenforme e cubra com o glacê ainda quente. Corte em quadrados e sirva.

Bolo
INTEGRAL

Ingredientes

- 100 g de margarina vegetal
- 3 colheres (sopa) de mel
- 2 ovos
- 150 g de farinha de trigo integral
- 1 colher (chá) de fermento em pó

Modo de preparar

Bata a margarina com o mel até obter uma mistura cremosa e clara. Acrescente os ovos um a um, bata e acrescente a farinha e o fermento em pó. Divida a mistura entre duas formas para bolo de 18 cm de diâmetro e leve para assar em forno médio (180ºC) durante 20 a 25 minutos ou até que a massa esteja dourada e firme ao toque dos dedos. Desenforme e transfira para uma grelha, para esfriar. Depois de frias, una as duas metades com uma geleia de frutas de sua preferência.

Pudim
DE PÃO

Ingredientes

- 100 g de pão integral em fatias
- 50 g de passas
- 600 ml de leite
- 25 g de margarina vegetal
- 2 colheres (sopa) de mel
- 2 ovos batidos
- Noz-moscada a gosto

Modo de preparar

Corte as fatias de pão em quadrados e disponha-os numa assadeira untada. Distribua as passas sobre o pão. Aqueça o leite juntamente com a margarina e o mel, até diluí-los. Acrescente os ovos batidos e bata levemente com um garfo. Despeje sobre o pão e deixe de molho durante 30 minutos. Salpique um pouco de noz-moscada e leve para assar em forno baixo (170ºC) durante cerca de 1 hora ou até que o pudim esteja firme.

Bananas com calda DE MEL E CANELA

Ingredientes

- 6 bananas-prata
- 1 xícara (chá) de mel
- ¼ xícara (chá) de manteiga
- ½ colher (chá) de canela em pó
- ⅛ colher (chá) de sal

Modo de preparar

Cozinhe as bananas em água fervente (com as cascas) por cerca de 3 minutos. Retire as cascas, distribua as bananas numa tigela e reserve.Aqueça o mel em banho-maria, junte a manteiga com a canela e misture bem. Adicione o sal e bata bem. Regue as bananas com esta calda e sirva (gelado ou quente).

Moranga COM MEL

Ingredientes

- 1 moranga
- 2 colheres (chá) de mel
- ¼ colher (chá) de sal
- ⅛ colher (chá) de pimenta
- ⅛ colher (chá) de noz-moscada
- 1 colher (chá) de manteiga

Modo de preparar

Abra a moranga pela metade. Remova as sementes e coloque-a em uma assadeira com 1,5 cm de água, cobrindo o fundo da assadeira. Espalhe o mel na parte interna da moranga. Adicione os temperos e a manteiga e cubra com papel-alumínio. Asse no forno cerca de uma hora a 175ºC. Descubra. Deixe dourar ligeiramente.

Pudim
DE MEL

Ingredientes
- ½ kg de farinha de rosca
- 2 copos americanos de mel
- 6 ovos
- 1 pacotinho de canela em pó

Modo de preparar
Misture tudo até obter uma massa bastante mole. Coloque em forma de pudim e leve ao forno quente, durante meia hora. Deixe esfriar, desenforme e coloque na geladeira.

Bolo simples
DE MEL

Ingredientes
- 2 colheres (sopa) de manteiga
- 1 xícara (chá) de açúcar integral
- 1 xícara (chá) de mel
- 2 ovos
- 1.½ xícara (chá) de farinha de trigo

Modo de preparar
Bata a manteiga, o açúcar e o mel. Adicione os ovos depois de bem batidos e, por último, a farinha de trigo. Coloque a mistura em forno quente, durante uma hora. (Fermento é dispensável porque o mel exerce o mesmo efeito).

Torta de mel
E MAÇÃ

Ingredientes

- 6 maçãs
- 1 copo americano de mel
- 2 pacotinhos de canela em pó
- 3 cravos torrados e reduzidos a pó

Modo de preparar

Rale as maçãs para misturá-las com o mel, juntamente com a canela e o cravo. Deixe a mistura descansar numa vasilha.

MASSA

Ingredientes

- ½ kg de farinha de trigo
- 1 xícara (chá) de óleo
- ½colher (café) de sal
- 1 copo americano de água morna

Modo de preparar

Misture todos os ingredientes, sove bem e deixe descansar durante meia hora.

Em seguida, estique a massa preparada até ficar bem fina, espalhe o recheio e enrole como rocambole. Asse em forno quente durante uma hora. Depois de esfriar, leve à geladeira, cobrindo, se preferir, com açúcar glacê.

Pão COM MEL

Ingredientes

- 1 xícara (chá) de água
- 1 xícara (chá) de açúcar
- 1 xícara (chá) de mel
- 4 ovos
- 3 xícaras (chá) de farinha de trigo
- 1 colher (sopa) de fermento em pó
- cravo e canela em pó

Modo de preparar

Leve ao fogo a água e o açúcar e deixe queimar levemente. Acrescente o mel, derretendo-o bem, e retire do fogo. Deixe a mistura ficar morna e junte as gemas, a farinha, o fermento, o cravo e a canela, misturando bem. Acrescente as claras em neve, amasse bem, coloque em forma untada e leve ao forno quente para assar por 30 minutos.

Pé de moleque
DE MEL

Ingredientes

- 1 xícara (chá) de mel
- 2 xícaras (chá) de açúcar integral
- 2 xícaras (chá) de amendoim cru
- 1 colher (sopa) de bicarbonato

Modo de preparar

Misture o mel, o açúcar e o amendoim. Leve ao fogo, mexendo de vez em quando até dourar. Retire do fogo, misture rapidamente o bicarbonato e despeje em forma untada com manteiga. Antes de esfriar completamente, corte em quadrinhos.

Refresco
DE LIMÃO E HORTELÃ

Ingredientes
- ✓ 4 colheres (sopa) de xarope de hortelã bem gelado
- ✓ 1 limão
- ✓ 1 copo americano de água gelada
- ✓ Açúcar e gelo a gosto

Modo de preparar
Leve ao liquidificador todos os ingredientes. Bata bem, sirva em um copo alto, decorado com um galhinho de hortelã fresca e uma fatia de limão.

Refresco
DE LARANJA E LIMÃO

Ingredientes
- ✓ ½ litro de suco de laranja
- ✓ suco de 1 limão
- ✓ 1 laranja com casca cortada em fatias
- ✓ 1 limão com casca cortado em fatias
- ✓ açúcar e gelo a gosto
- ✓ 1 litro de água mineral com gás

Modo de preparar
Coloque em uma vasilha o suco de laranja e limão. Adicione as fatias de limão e laranja. Misture. Ao servir, adicione os cubos de gelo e a água mineral bem gelada.

Refresco
DE ABACAXI, LIMÃO E VODCA

Ingredientes
- 2 xícaras (chá) de gelo picado
- 1/3 xícara (chá) de suco de limão
- 1/2 xícara (chá) de vodca
- 1 lata de club soda gelado
- 1/2 abacaxi em cubos
- Gelo e açúcar a gosto

Modo de preparar
Bata todos os ingredientes no liquidificador e sirva em seguida.

Refresco
ESPUMA DE LIMÃO

Ingredientes
- 2 claras de ovos
- 2 limões (suco)
- açúcar e gelo a gosto
- 1 lata de soda limonada

Modo de preparar
Coloque no liquidificador as claras, o suco de limão e o açúcar; bata bem até que a mistura fique homogênea. Adicione a soda limonada e sirva em seguida.

Refresco DE CAPIM-LIMÃO

Ingredientes

- folhas de capim-limão (erva-cidreira)
- 2 litros de água
- ½ xícara (chá) de suco de limão
- ½ xícara (chá) de suco de laranja-lima
- açúcar e gelo a gosto

Modo de preparar

Leve as folhas ao liquidificador e triture com um pouco de água. Coe e passe por uma peneira. Em uma jarra, adicione o suco de limão, de laranja e o restante da água com o sumo das folhas. Adoce como preferir e coloque o gelo. Sirva em seguida ou guarde no refrigerador por até 3 horas.

Refresco DE LIMÃO COM FRAMBOESA

Ingredientes

- 4 xícaras (chá) de framboesa congelada
- 2 limões sicilianos
- 1 xícara (chá) de água
- 5 colheres (sopa) de açúcar
- Gelo à vontade.

Modo de preparar

Bata tudo no liquidificador e sirva.

Refresco DE LIMÃO COM MORANGOS E MAÇÃ

Ingredientes

- 2 xícaras (chá) de morangos
- 1 maçã picada
- 2 limões (taiti)
- 2 copos americanos de água gelada
- 3 colheres (sopa) de açúcar
- Gelo à vontade

Modo de preparar

Bata tudo no liquidificador, decore com morangos e sirva.

Refresco DE LIMÃO COM MELÃO

Ingredientes

- ½ melão picado
- 1.½ xícara (chá) de sorvete de limão
- 2 colheres (sopa) de suco de limão (siciliano ou taiti)
- raspas de limão
- ½ copo americano de água gelada

Modo de preparar

Coloque o melão no congelador por 10 minutos. Depois bata-o com os demais ingredientes no liquidificador. Decore com raspas de limão.

Mousse
DE AÇAÍ

Ingredientes

- 2 colheres (sopa) de água
- 6 colheres (sopa) de açúcar
- 2 claras
- 250 g de polpa de açaí
- 2 colheres (chá) de gelatina sem sabor
- 250 ml de creme de leite fresco
- Óleo para untar

Modo de preparar

Misture a água e o açúcar em uma panela pequena e leve ao fogo médio por quatro minutos. Leve as claras numa batedeira e deixe bater por aproximadamente 3 minutos em alta velocidade. Com a batedeira ligada, retire a calda do fogo e despeje sobre as claras. A calda deverá ser jogada sobre a clara em forma de fio e sempre com a batedeira ligada. Continue batendo até que o recipiente da batedeira esfrie. Enquanto isso, coloque a polpa de açaí numa panela pequena e leve-a ao fogo baixo, deixando por 8 minutos. Dissolva a gelatina conforme as instruções da embalagem. Num recipiente, coloque o merengue, a polpa de açaí e a gelatina e misture bem. Na batedeira, bata o creme de leite fresco até obter o ponto de chantilly. Acrescente este chantilly ao creme reservado e mexa bem até obter uma mistura homogênea. Unte a forma com óleo e então despeje o creme e leve para a geladeira por cerca de 6 horas. Desenforme e sirva gelado.

Batida de iogurte
COM AÇAÍ E GRANOLA

Ingredientes
- 1 banana nanica média descascada
- 2 xícaras (chá) de suco de açaí
- 1 pote de iogurte desnatado
- 1 colher (sopa) de mel
- 4 colheres (sopa) de granola

Modo de preparar
Corte a banana em fatias médias e, usando o liquidificador, bata-as com o suco de açaí, o iogurte e o mel até obter uma mistura homogênea. Despeje a mistura em 4 copos, distribua a granola e sirva em seguida.

Docinho
DE AÇAÍ

Ingredientes
- 395 ml de leite condensado
- 240 g de polpa de açaí
- 30 g de manteiga
- 15 g de farinha de trigo
- 2 gemas
- 300 g de açúcar cristal

Modo de preparar
Misture o leite condensado, a polpa de açaí, a manteiga e a farinha de trigo direto em uma panela. Leve-a a fogo baixo, mexendo sem parar até dar o ponto (aparecer o fundo da panela). Retire do fogo. Aos poucos, misture as gemas, ainda mexendo. Coloque o doce em um tabuleiro previamente untado com manteiga e modele como preferir. Passe no açúcar cristal e coloque em forminhas de papel prateado.

Gelatina
DE AÇAÍ

Ingredientes
- 1 litro de açaí bem grosso
- 3 envelopes de gelatina em pó sem sabor (12 gramas cada envelope).
- 20 colheres (sopa) de água fria
- Açúcar a gosto

Modo de preparar
Se o açaí for congelado, compre pacotinhos suficientes para dar 1 litro. Deixe descongelar e bata usando o liquidificador. Coloque toda a gelatina numa panela, junte a água fria, mexa muito bem e deixe descansar por meia hora. Feito isso, levar ao fogo em banho-maria e mexa até a gelatina desmanchar completamente. Bata o açaí no liquidificador, junte a gelatina e, sempre batendo, adicione o açúcar a gosto. Deixe a massa em forma de anel previamente molhada com água gelada. Leve à geladeira e sirva no dia seguinte, quando ela estiver bem gelada e firme.

Sorvete
DE AÇAÍ

Ingredientes
- 1 litro de suco de açaí
- 1.½ xícara (chá) de açúcar
- 1 colher (sopa) de liga neutra
- 1 colher (chá) de emulsificante

Modo de preparar
No liquidificador, bata todos os ingredientes (exceto o emulsificante) por 5 minutos. Despeje numa vasilha (de preferência de alumínio) e leve ao congelador até começar a congelar. Na batedeira de bolo, bata durante 5 minutos e acrescente o emulsificante até dobrar de volume. Coloque em copinhos e leve novamente ao congelador.

10 DICAS GERAIS DE *Saúde*

1. A doença cardíaca é a doença que mais mata. Faça um teste de colesterol para saber se você está em risco.

2. Ingerir cálcio: muitas pessoas não consomem a quantidade suficiente de cálcio, que ajuda a prevenir a osteoporose, por meio da dieta. Mulheres com idades entre 19 e 50 anos devem ingerir 1000 miligramas ou comer de 3 a 4 porções de alimentos ricos do mineral por dia.

3. O consumo de refrigerantes normais está relacionado a diabetes e obesidade, enquanto o de não adoçados (como light, diet e zero) causa piora do funcionamento dos rins. Já a frutose proveniente das frutas e que adoça os sucos prontos, quando consumida em excesso, pode provocar aumento da pressão arterial.

4. Ter uma boa rede de amigos e familiares está associado à maior longevidade, enquanto a solidão está associada a riscos de doenças cardíacas.

5. Exercite seus ossos: exercícios como caminhar, dançar ou fazer levantamento de peso podem manter os ossos fortes e saudáveis.

6. Distribua melhor as refeições ao longo do dia. Tente se alimentar a cada três horas para evitar redução do metabolismo e sobrecarga em determinadas refeições (principalmente à noite).

7. Aumente o consumo de líquido ao longo do dia, preferencialmente água. A ingestão contínua de líquidos mantém o metabolismo em constante movimento, assim como a atividade das células corporais e o funcionamento do intestino.

8. Prefira alimentos integrais em substituição aos carboidratos refinados. Os integrais levam mais tempo para serem digeridos, promovendo maior tempo de saciedade e melhor funcionamento do intestino.

9. Não consuma alimentos muito calóricos no jantar, pois isso pode prejudicar o sono. Além disso, como o metabolismo fica mais lento à noite, o gasto de calorias nesse período será menor, podendo gerar ganho de peso.

10. Só consuma medicamentos sob orientação médica. Sem o acompanhamento profissional, as pessoas tendem a tomar medicação em excesso ou a deixar de tomar medicamentos de que realmente precisam.

Fontes: Hospital Israelita e Saúde Terra Brasil

DIRETORIA: Jorge Carneiro e Rogério Ventura; **Diretor Editorial:** Henrique Ramos; **REDAÇÃO: Editor-chefe:** Daniel Stycer; **Editores:** Eliana Rinaldi, Renata Meirelles e Thomas Nieto; **Equipe Editorial:** Maria José Batista, Adriana Cruz, Sandra Ribeiro, Débora Justiniano, Hugo Wyler Filho, Juliana Borges, Lívia Barbosa, Verônica Bareicha, Daniela Mesquita, Dalva Corrêa e Maria Flavia dos Reis; **ARTE:** Leo Fróes, Raquel Soares, Franconero Eleutério, Julio Lapenne, Leandro L. Silva, Laércio Costa, Jefferson Gomes e Talitha Magalhães; **Edição e Tratamento de Imagem:** Luciano Urbano, Reinaldo Pires e Cristian Barboza; **Diagramação:** Maria Clara Rodrigues e Evandro Matoso; **Produção Gráfica:** Jorge Silva; **Tecnologia da Informação:** Márcio Marques; **Marketing:** Bernadette Caldas (gerente), Cássia Nascimento, Patrícia Reis, Everson Chaves, Luiza Martins e Jully Anne Costa; **Controle:** William Cardoso e Clayton Moura; **Circulação:** Luciana Pereira, Sara Martins, Wagner Cabral e Alexander Lima; **EDIOURO PUBLICAÇÕES DE PASSATEMPOS E MULTIMÍDIA LTDA.** Rua Nova Jerusalém, 345, CEP 21042-235 — Rio de Janeiro, RJ. Tel.: (0XX21) 3882-8200, Fax: (0XX21) 2290-7185; **Distribuição:** DINAP S.A. Estr. Dr. Kenkiti Shimomoto, 1678 — Jardim Conceição, Osasco, SP. Tel.: PABX (0XX11) 3789-3000.

PROJETO E REALIZAÇÃO
CRIATIVO
MERCADO EDITORIAL

PUBLISHER
Carlos Rodrigues
DIRETORA FINANCEIRA
Esilene Lopes de Lima
AUTORA
Angela Jacobino
DIREÇÃO DE ARTE
Marcelo Almeida
EDITOR
René Ferri